Light and Dark

By Jack Challoner

Contents

RSVP
RAINTREE
STECK-VAUGHN
P U B L I S H E R S
The Steck-Vaughn Company

Austin, Texas

Published by Raintree Steck-Vaughn Publishers, an imprint of
Steck-Vaughn Company

Editors: Kim Merlino, Kathy DeVico
Project Manager: Lyda Guz
Electronic Production: Scott Melcer

Photo Credits: cover: Tony Stone Images: top Kim Blaxland;
Planet Earth Pictures: bottom Peter David;
Bruce Coleman: p. 31 Jane Burton;
Collections: pp. 11, 14; FLPA: pp. 6, 24, 26;
NHPA: p. 4 Laurie Campbell; p. 12 G. I. Bernard;
Oxford Scientific Films: p. 9 (top) Raymond Blythe; p. 25 Tom Ulrich;
Planet Earth Pictures: p. 30 Peter David;
Science Photo Library: p. 7 Royal Observatory, Edinburgh;
p. 9 (bottom) Keith Kent; p. 17 (top) John Sanford;
p. 27 Geoff Williams and Howard Metcalf;
p. 28 Gordon Garradd;
Tony Stone Images: p. 8;
John Walmsley: p. 18.

All other photographs by Claire Paxton.

Library of Congress Cataloging-in-Publication Data

Challoner, Jack.
Light and dark / by Jack Challoner.
p.   cm. — (Start-up science)
Includes index.
ISBN 0-8172-4321-6
1. Light — Experiments — Juvenile literature. [1. Light—
Experiments.   2. Experiments.]   I. Title.   II. Series: Challoner, Jack.
Start-up science.
QC360.C44   1997
535 — dc20
95-30023
CIP
AC

Printed in Spain
Bound in the United States
1 2 3 4 5 6 7 8 9 0 LB 99 98 97 96

Light and Dark

This book will answer lots of questions that you may have about light and dark. But it will also make you think for yourself.

Each time you turn a page, you will find an activity that you can do yourself at home or at school. You may need help from an adult.

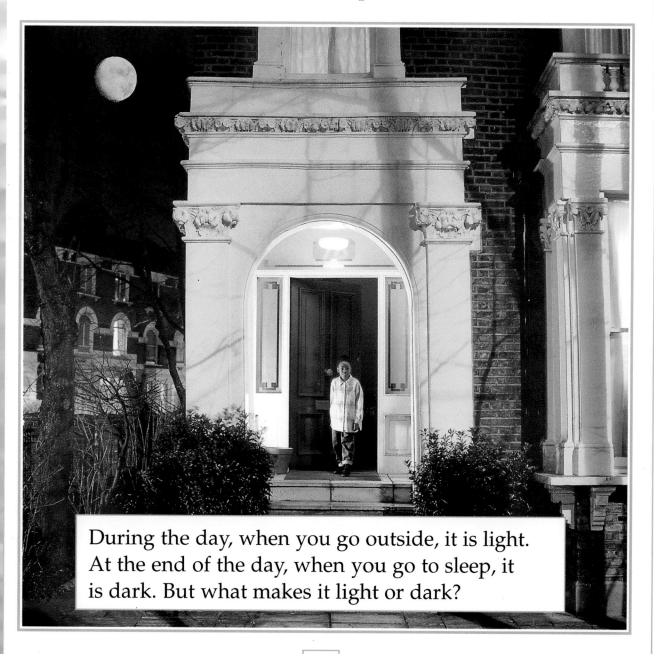

During the day, when you go outside, it is light. At the end of the day, when you go to sleep, it is dark. But what makes it light or dark?

Day and Night

We only have daylight when the sun is up. During the night, after the sun goes down, it is dark. Do you know where the sun goes at night?

Did you know?

Whenever it is daytime where you are, it is nighttime on the other side of the world.

Sunrise

Every morning, as the sun rises, the day begins, and it becomes light.

The sky is often orange or red at sunrise and also at sunset in the evening.

4

Nighttime

After the sun goes down, it is night. Without lights, like this streetlight, it would be almost totally dark at night.

Now try this

The Earth is round, like a ball. The sun lights up one-half of the Earth at a time. As the Earth spins, you move into light or dark — day or night.

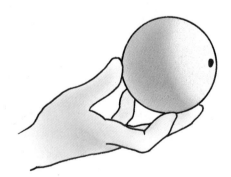

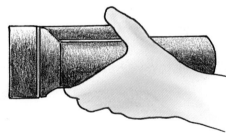

You will need:
a round ball, a flashlight, a felt-tip pen

1. Make a small dot on the ball with the pen. Ask an adult to make the room dark. Then turn on the flashlight.

2. Hold the ball in the light, so that half of it is in the light, and half is in the dark.

3. Now turn the ball slowly in the light. You will see your dot move in and out of the light.

The Sun and Stars

We see the sun during the day and the stars at night. Have you ever wondered what the sun is made of? Have you ever looked up at the stars at night?

Hot sun

The sun is a huge ball of glowing gas. It is so hot that you would not survive if you were anywhere near it. This special photograph shows what the sun's surface is like.

Did you know?

Even traveling at the top speed of a racing car, it would take you about 53 years to reach the sun. But a rocket could reach the sun in just a few months.

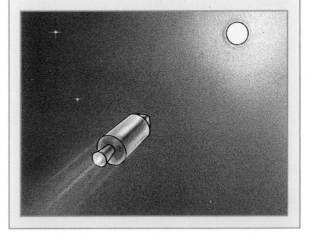

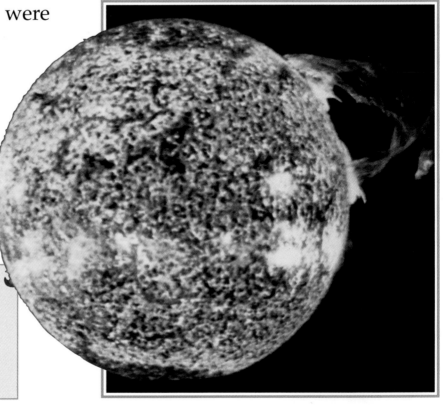

BE SAFE!
Never look straight at the sun. It is so bright that it can hurt your eyes.

Starlight

On a clear night, away from the city, you can see thousands of stars. Each star is similar to our sun, but much, much farther away.

Faraway stars

Stars are so far away from us that they look like dim points of light. During the day, the light of the sun is so bright that we cannot see the light from any other stars.

Now try this

You will need:
a flashlight, aluminum foil, a pin

1. Place a piece of foil over the end of the flashlight, and fold down the edges. Carefully, make some tiny holes in the foil with the pin.

2. Ask an adult to make the room dark, and then turn on the flashlight.

3. Stand near a wall, and point the flashlight at it. You will see dots of light on the wall. When you turn the light on in the room, the dots seem to disappear.

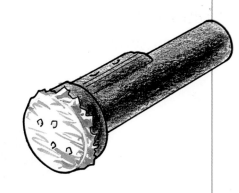

Making Light

A **light source** is anything that makes its own light. Very hot things, such as a fire, are light sources. Others, such as a television screen, make light but are not hot. Can you think of other light sources that you might see often?

Did you know?

Most things around you do not make their own light. You can see them because light from another source bounces off them and into your eyes.

Warming glow

Fire can provide heat and light. This campfire gives off bright light because it is very hot.

Natural light

Chemicals in this firefly's body produce the strange glow of light that you can see.

Now try this

You will need:
sugar cubes,
a rolling pin, a clear plastic bag

1. Put some sugar cubes into the plastic bag.

2. Ask an adult to make the room very dark. Wait for about five minutes.

3. Now, ask the adult to crush the sugar cubes with the rolling pin. Watch carefully. You should see tiny flashes of light!

Big spark

Have you ever seen **lightning**? It is a huge spark of electricity, which gives off its own light as it passes through the air.

Electric Light

One way of making light is to use electricity. There are many kinds of electric lights.

What would nighttime be like without streetlights or electric lights at home?

Hot wire

Inside most electric lightbulbs is a thin piece of wire, called a **filament.** When electricity passes through it, the filament gets so hot that it gives off light.

Did you know?

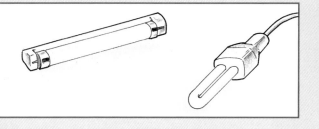

Fluorescent lights like these do not have a filament. So they do not get as hot as ordinary lightbulbs.

Stage lights

At the theater, bright lights shine on the stage during a performance. Light bounces off the actors and back to the audience.

Now try this

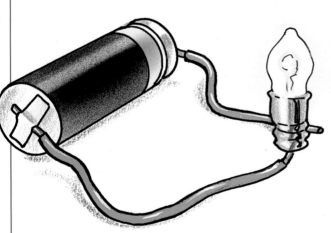

You will need:
a flashlight bulb, a D-cell battery, two pieces of electric wire

1. Ask an adult to strip off the plastic coating at each end of the wires.

2. Connect the bulb and the battery with the wires. See if you can make the bulb light up.

If a complete circuit is made between a battery and bulb, electricity from the battery goes along the wire to the filament. This lights up the bulb.

BE SAFE!

If the battery, the wire, or the bulb gets hot, move the wire away from the battery.

Traveling Light

As soon as light is made, it moves. Light never stays still — it travels very fast in straight lines. You can see where light travels if it lights up something in its path.

Straight lines

Light travels in straight lines. Can you see why the light is only lighting up the mist in some places in the photo?

Did you know?

Light from the sun takes about eight minutes to reach you. Light from a lamp in the room takes much less than a blink of an eye to reach you.

Rainy night

Have you ever seen raindrops lit up by a car's headlights? Without the rain, you would not be able to see the path of the light as it travels through the air.

You can see light traveling in straight lines by using a flashlight and some talcum powder.

You will need:
newspaper, a flashlight, talcum powder

1. Spread the newspaper on the floor or a table.

2. Ask an adult to make the room dark.

3. Ask the adult to sprinkle the powder gently over the newspaper. Shine the flashlight into the falling powder.

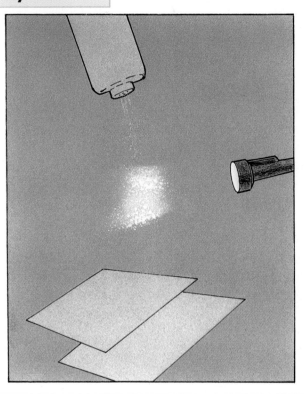

Shadows

When light cannot pass through an object, it leaves a dark area where the light cannot reach. This is called a **shadow**. Shadows come in all shapes and sizes. But what gives a shadow its size and shape?

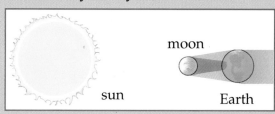
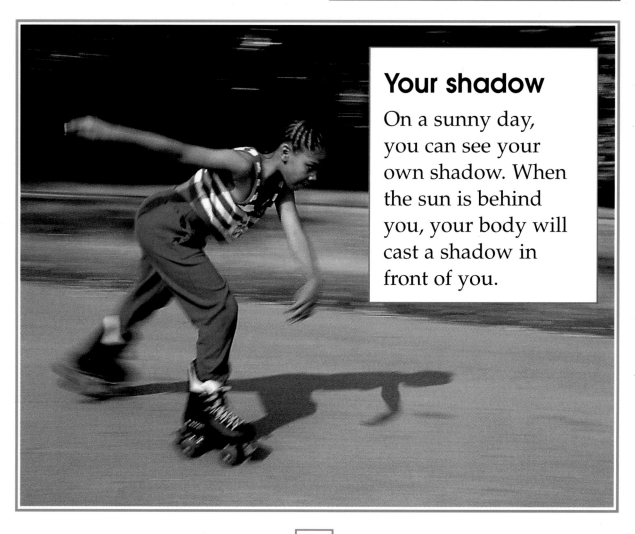

Your shadow

On a sunny day, you can see your own shadow. When the sun is behind you, your body will cast a shadow in front of you.

Mystery shadows

Because light travels in straight lines, the shadow an object makes is like the shape of the object itself. Can you guess which things made these shadows?

Big and small

The size of these shadows depends on how far the object is from the source of light. In this case, the hand that is closer to the flashlight makes a bigger shadow than the other hand.

Now try this

As the sun moves across the sky, the size and direction of a shadow changes.

You will need:
a long stick, a clock, a sunny day, small stones

1. Push the stick into the ground.

2. Put a stone at the end of the stick's shadow.

3. From time to time during the day, put a stone at the end of the shadow. At what time is the shadow longest?

Bouncing Light

When light hits an object, the object **reflects**, or bounces, the light off it. The more light that is reflected, the lighter the object will appear. A dark object reflects only a little bit of light.

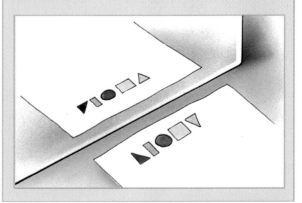

Shiny things

When light hits something shiny, most of the light is reflected straight back off it. Here you can see the reflections of sunlight on a lake.

The moon

Have you ever wondered what makes the moon light up? It does not glow with its own light. We see it because it reflects light from the sun.

Reflections

At night the glass in a window can reflect things. Light from this lamp bounces off the window, causing a reflection.

Now try this

Shiny objects, such as pots and pans, reflect light evenly. You can see your reflection in them.

You will need:
some shiny things

1. Sort your shiny objects into flat things and curved things.

2. Look closely at each object in turn. Can you see yourself in it?

3. Draw what you look like in the curved objects.

Black and White

When the paper in this book reflects light, the paper looks white. Very little light bounces off the ink, so it looks black.

What color?

Different people have different colored skin. Everyone's skin contains a substance called **melanin**. The more melanin in the skin, the darker it is.

Did you know?

A photograph in a newspaper is made up of lots of tiny black dots. The parts of the photograph with bigger dots reflect little light, and they look dark. The parts with smaller dots look light.

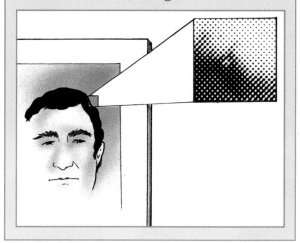

In the studio

White objects reflect light well. The photographer is using white objects to reflect light onto the person who is having her photograph taken.

Now try this

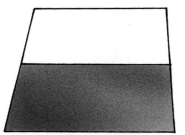

You will need:
a flashlight, aluminum foil, tape, dull black cardboard, shiny white cardboard

1. Place the pieces of cardboard next to each other on the floor.

2. Put a piece of foil over the end of the flashlight, and make a small hole in it.

3. Ask an adult to make the room dark. Hold the flashlight just above the pieces of cardboard. Shine the flashlight first on the black and then on the white cardboard.

This activity shows that white objects reflect more light than black ones.

Letting Light Through

Light can pass through some things, such as glass. These things are called **transparent**.

Because light can travel through things that are transparent, we can see right through them.

Seeing out

Light from objects outside passes through windows, so we can see out of our houses or apartments. Without windows, our homes would be quite dark inside.

Did you know?

Glass is made by heating sand until it melts and then letting it cool down.

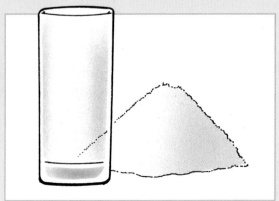

Sunglasses

On a very sunny day, you should wear sunglasses to protect your eyes from bright light. Sunglasses only let some light through.

Seeing through

Materials that are **translucent**, like this tracing paper, let light through but make things look fuzzy. Some materials will not let any light through. They are called **opaque.**

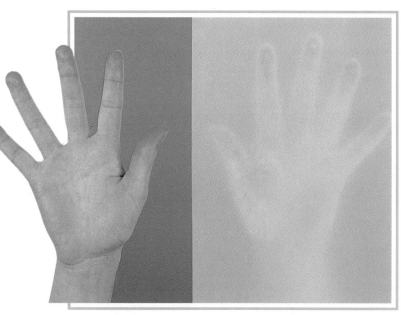

Now try this

You will need:

thick cardboard, aluminum foil, waxed paper, cloth, plastic, a glass bottle, a flashlight

1. Turn on the flashlight. Hold each of the materials in turn between your eyes and the flashlight.

2. If you can see the flashlight clearly through the material, then it is transparent. If you can see the light but not the flashlight, the material is translucent.

If you cannot see the light or flashlight, the material is opaque.

Bending Light

Light can pass through transparent substances, such as water and glass. The light bends as it enters and leaves the glass or water.

Looking through water

Light is reflected from the shells at the bottom of a pool. It is bent as it leaves the water. This makes the shells look wobbly.

Make it bigger

Light can be bent by glass. If glass is made into the right shape, like in this hand lens, the bending light can make things look bigger.

Light and water

As light enters water, it bends. It bends again as it leaves the water. The way it bends depends on the shape of the container.

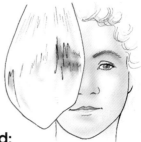

Now try this

You will need:
a clear plastic bag, water

1. Fill the bag halfway with water.

2. Look through the bag. What do you see?

3. Gently squeeze the bag so that you change its shape. What can you see now?

BE SAFE!

Be very careful with plastic bags. Keep them away from younger children.

How Eyes Work

Eyes need light to help you see. Light enters the eye through an opening. Then the eye sends a message to your brain. Your brain tells you what you see.

The black dot in the middle of a human eye is called the **pupil.** In a dark room, the pupil becomes bigger to let in more light. In a bright room, it closes up again.

bright room

Insect eyes

Like most insects, this fly has two big eyes, called **compound eyes.** Each compound eye is made up of hundreds of tiny eyes.

dark room

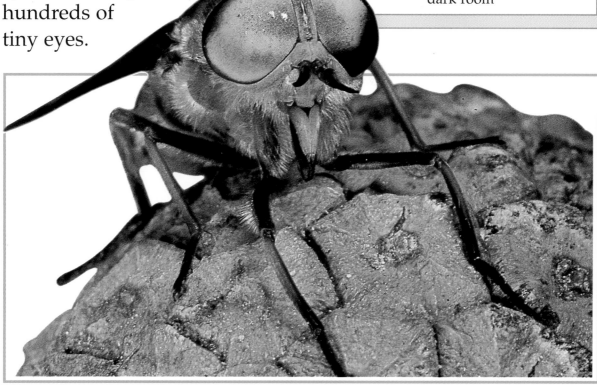

Bulging eyes

Can you move one eye without moving the other? This chameleon can. When looking for something to eat, it moves each eye separately.

Now try this

Inside each of your eyes is a lens, which makes a picture on the back of your eye. You can make pictures on a wall with a hand lens.

You will need:
a hand lens

1. Stand next to a wall opposite a window. Hold the hand lens flat against the wall.

2. Slowly move the hand lens about 4 inches (10 cm) from the wall. You should see an image (picture) of the window.

3. Continue to move the hand lens slowly, until you see a sharp image (one that is in focus).

Seeing in the Dark

When it is completely dark, no person or animal can see anything. But some animals can see well in very dim light, by making the most of what little light there is.

Big eyes

Owls do much of their hunting at night. They can see quite well in dim light, because they have very large eyes that let in lots of light.

Did you know?

Bats hunt insects, even when it is very dark. They bounce sounds off of things to help them find their way.

Mystery photo

Warm objects give off an invisible type of light called **infrared.** Infrared cameras can take pictures, even in complete darkness. Can you see what this picture shows?

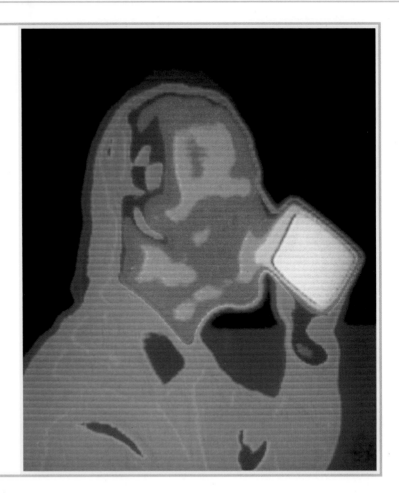

Now try this

Our eyes become used to the dark after a few minutes.

You will need:
a dark room, this book

1. Look carefully at this book in ordinary light.

2. Now ask an adult to make the room dark.

3. Keep looking at the book, and wait for a few minutes.

Light and Color

Can you imagine a world without colors? Plants, animals, and humans use colors in many different ways. But without light, there is no color.

Rainbows

Sometimes, when it rains on a sunny day, you can see a **rainbow** in the sky. The colors come from the sun's light.

Did you know?

All the colors you see on a television screen are made by mixing together just three colors — red, green, and blue.

Summer days

During the summer, many plants grow colorful flowers. The colors attract insects that will carry pollen from flower to flower.

Summer nights

As night falls, even the brightest colors disappear. All of these flowers look gray in dim light.

Now try this

You will need:
a plant sprayer, a sunny day

1. Go outside, and turn your back to the sun.

2. Make sure that your sprayer produces a fine mist, and spray in front of you. You should see your own rainbow of colors.

Plants and Animals

Like you, many animals are active during the day and sleep at night. But some animals only come out when it is dark. Green plants need light to survive.

Did you know?

Some flowers close during the night and open during the day.

A dark life

Some creatures live so deep in the ocean that they spend their whole lives in almost total darkness.

Light for life

Young plants can grow in the dark for a few days. After that they need light to grow. The watercress plants above grew in the dark, and the ones below grew in the light.

Now try this

Most plants grow toward light. You can test this for yourself.

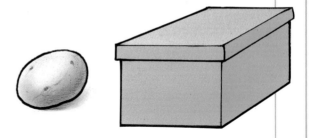

You will need:
a potato, a cardboard box

1. Ask an adult to cut a hole in the lid of the cardboard box.

2. Place the potato inside, and put the box somewhere sunny.

3. Check on the potato every few days, but always put the lid back on the box.

Night life

Foxes only come out to feed during the night. Some foxes live in towns and cities and eat the leftovers from garbage cans.

Glossary

compound eyes Eyes made up of hundreds of tiny eyes. Insects have compound eyes.

filament A wire in a lightbulb, which glows when the electricity is switched on

fluorescent Glowing without getting hot. Fluorescent bulbs do not have a filament.

infrared A type of light that is given out by warm objects. We cannot see infrared light.

lightning A flash of light in the sky caused by electricity

light source Something that gives off light

melanin A chemical that gives skin its color

mirage A bending and bouncing of light that makes you see something that isn't really there

opaque Letting through no light. You can't see through an opaque object.

pupil A hole in the eye that lets in light

rainbow A curved band of colors in the sky. Rainbows can be seen when it rains on a sunny day.

reflect Something that reflects light allows light rays to bounce off it.

shadow An area of darkness caused by an object blocking the light

solar eclipse An eclipse that happens when the moon comes between the sun and the Earth, blocking the sun's light from the Earth

translucent Letting through a little light. You can see through translucent things, but not very clearly.

transparent Letting through light. You can see clearly through transparent things.

Index

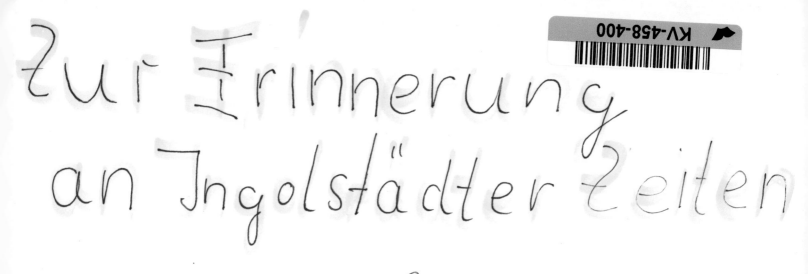

Zur Erinnerung an Ingolstädter Zeiten

Alfred [illegible]

Sepp Häffner

W. [illegible]

[illegible] Hans

[illegible]

Gerd [illegible]

Klaus [illegible]

J. [illegible]

Huber Fridolin

Walter Willibald

S. [illegible]

[illegible]

Frankenberger Karl

Georg [illegible]

Klaus Hoffmann

Göth Martin

Gerd Treffer

INGOLSTADT
in Bildern

LEBEN · GESCHICHTE · KULTUR

Aufnahmen von Anni Hochstatter

Bayerische Verlagsanstalt Bamberg

Herausgegeben in Zusammenarbeit mit der Buchhandlung Schönhuber GmbH, Ingolstadt

CIP-Kurztitelaufnahme der Deutschen Bibliothek

Treffer, Gerd:
Ingolstadt in Bildern : Leben, Geschichte, Kultur /
Gerd Treffer. Aufnahmen von Anni Hochstatter. –
Bamberg : Bayerische Verlagsanstalt, 1984.
ISBN 3-87052-363-8
NE: Hochstatter, Anni:

Alle Fotos: Anni Hochstatter
Luftaufnahme und Werkfoto des Audi-Werks von Audi-Presseabteilung:
Freigegeben vom Regierungspräsidium Stuttgart Nr. 9-61021

© 1984, Bayerische Verlagsanstalt GmbH, Bamberg
Alle Rechte der Vervielfältigung und Verbreitung, einschließlich Film, Funk
und Fernsehen sowie der Fotokopie und des auszugsweisen Nachdruckes, vorbehalten
Umschlag: Klaus Borowietz
Lithos: Coburger Klischee + Litho Anstalt GmbH, Coburg
Gesamtherstellung: Druckerei St. Otto-Verlag GmbH, Bamberg
Printed in Germany
ISBN 3-87052-363-8

Das alte, das ursprüngliche Ingolstadt: Vier Stadttore, je paarweise verbunden durch zwei sich senkrecht kreuzende Straßen: die klassische Anlage einer frühen wittelsbachischen Stadtgründung. Das Achsenkreuz liegt »Am Stein«. Die eigenartige Bezeichnung rührt von einer Legende her, die allerdings schon etwas später spielt, in der Zeit des Münsterbaus. Damals soll der Teufel über das fromme Werk so erzürnt gewesen sein, daß er einen Steinbrocken auf die Baustelle stürzte, der allerdings sein Ziel verfehlte und auf dem Kirchhof liegenblieb. Es dauerte, ehe sich jemand traute, die satanische Gabe anzupacken: ein beherzter Kerzendreher schließlich wagte es und brachte den Stein vor sein Geschäft an der alten Kreuzung der Stadtachsen, die fortan eben »Am Stein« hieß. Der Namensgeber liegt heute noch dort, und Eingeweihte können ihn den Neugierigen noch zeigen. Der ›Stein‹ ist nur eine der vielen Erzählungen und Sagen, die über Ingolstadt bestehen. Wer sich mehr an die dokumentarisch belegte Ingolstädter Geschichte halten will, kann bis zum Jahr 806 zurückgehen. Da taucht der Name Ingolstadt in einer Urkunde Karls des Großen auf; 841 vergibt sein Nachfolger die Villa Ingoldestadt an Kanzler Gozbald, den Abt zu Niederaltaich. Damit im Zusammenhang steht dann auch das bis heute geltende Ingolstädter

Wappentier, ein feuerspeiender Panther. Ingolstadt hat belegbar am 13. Januar 1291 ein Siegel geführt, das aber nicht erhalten ist. Die alten Stadtsiegel von 1294 und 1309 enthalten den Panther noch nicht, wohl aber dann jenes, das von 1314–1335 nachweislich gebraucht wurde: abgebildet ist dort der hl. Mauritius, stehend, in langem Gewande, in der rechten Hand eine Fahne, die linke auf ein Schild gestützt; in diesem Schild ist der Panther abgebildet. Als sich dann die Stadt vom Kloster emanzipiert hatte, ließ man den Heiligen fallen; es blieb der feuerspeiende Panther als Symbol der Stadt. Ganz verloren aber ging der heilige Moritz nicht.

Unmittelbar südlich des alten Achsenkreuzes Am Stein erhebt sich die Moritzkirche, die älteste Ingolstädter Stadtpfarrkirche – bei alten Ingolstädtern noch immer die ›Untere Pfarr‹. Der ursprünglich romanische Bau wurde später gotisiert. Nur der Unterbau des an der Nordseite des Langhauses stehenden Glockenturms ist noch romanisch und eines der wenigen Beispiele dieser Stilart, die sich in Ingolstadt erhalten haben. In der heutigen dreischiffigen gotischen Form entstammt die Moritzkirche dem frühen 14. Jahrhundert und schließt im Kern einen älteren, 1234 geweihten Bau ein. Der Turm der Moritzkirche hat Ähnlichkeit mit den Türmen des Doms in der benachbarten Bischofsstadt

Eichstätt, auch in der Gestaltung des später aufgesetzten Spitzhelms.

Ingolstadts wirtschaftlichen Aufschwung deuten die ›Ingolstadt-Pfennige‹ an. Wenn auch über die Entstehung der Ingolstädter Münzstätte nichts bekannt ist, so sind doch Ingolstädter Pfennige seit 1252 nachweisbar. Sie zeigen, daß dem Landesherrn das Wohlergehen von Handel und Gewerbe in seiner Stadt Ingolstadt am Herzen lag. Die eigene ›Währung‹ bestand bis 1507 fort, bis zu jenem Zeitpunkt also, da Herzog Albrecht IV. – in Ingolstadt – eine neue Münzordnung für ganz Bayern erließ.

Nicht nur wirtschaftlich, auch politisch gewann die Stadt an Bedeutung. Herzog Ludwig II., der Strenge (1255/94), gab den Auftrag zum Bau einer Anlage, die ihm bei seinen Aufenthalten in der Stadt als Residenz dienen sollte. So entstand am damals südöstlichen Stadtrand der Herzogskasten, ein dreigeschossiger Bruch- und Backsteinbau auf rechteckigem Grundriß. Das wuchtige Gebäude, an dem man die trutzige Stärke der Mauern spürt, wirkt wie eine steinerne Manifestation stolzer, ritterlicher Selbstsicherheit. Der später, wohl erst im 14. Jahrhundert angebrachte Schmuck an den Giebelrändern, die ornamental verstärkten Ecken und das schlanke, aus dem sonst unkomplizierten, blockartigen Haus hervortretende Chörlein, erhöhen den repräsentativen Charakter dieser sicheren Burg.

Sie wurde auch zur festen Herzogsresidenz, 1392, als die Wittelsbacher wieder einmal ihre Lande aufteilten.

Hier nun ist es an der Zeit, die Ingolstädter Geschichte etwas einzuteilen und den Überblick zu erleichtern. Die Hauptepochen der Stadtgeschichte lassen sich umschreiben als

- *die Herzogsresidenz Ingolstadt,* eine kurze aber glanzvolle Zeit, in der die wesentlichen städtebaulichen Akzente im alten Stadtkernbereich gesetzt wurden; in dieser Epoche entstanden Neues Schloß, Münster und Pfründnerhaus.

- *die Universitätsstadt Ingolstadt,* Sitz der Ersten Bayerischen Landesuniversität, die von 1472 an Ingolstadt 328 Jahre lang zum kulturellen und geistigen Zentrum Bayerns machte, als der Name Ingolstadt wohl in der akademischen Welt ganz Europas teils gefürchtet, teils gepriesen, immer aber bekannt war, verbunden mit den Namen herausragender Wissenschaftler und streitbarer Gelehrter, die nicht nur Ingolstadt, sondern ganz Bayern zum Ruhme gereichten.

Conrad Celtis etwa ist mit dem deutschen Humanismus aufs engste verbunden. Reuchlin, der große Hebraist und Graecist, lehrte zu Ingolstadt. Eine hohe Zeit erlebte die Hohe Schule zu Ingolstadt in Verbindung mit der Gegenreformation. Luthers wichtigster Gegenspieler Eck dozierte in Ingolstadt und war auch Rektor der Universität. Aventin wurde zum Begründer der bayerischen Geschichtsschreibung; Philipp Apian schuf im Auftrag des Landesherrn die bayerischen Landtafeln, aufgrund derer sich Bayern rühmen konnte, die ersten Landkarten der Welt zu besitzen, die auf genauer trigonometrischer Messung fußten. Christoph Scheiner entdeckte vom Turm der Hl.-

Kreuz-Kirche aus die Sonnenflecken und geriet darüber zeitlebens mit Galilei in einen Prioritätenstreit, der, aus heutiger Kenntnis, überflüssig war, da die Ehre wohl einem Dritten, Johannes Fabricius, gebührt. Die Jesuiten hielten in glänzender Besetzung in Ingolstadt Einzug; unter ihren Professoren war z. B. der hl. Petrus Canisius. Der Orden entwickelte in Ingolstadt das Jesuitentheater zur Blüte, ein echtes Stück bayerischer Barockkultur, verbunden mit Namen wie Balde und Gretser. Von Ingolstadt aus zogen hervorragende Jesuitenwissenschaftler – Mathematiker, Astronomen – in die Welt – bis Peking. Ebenfalls eng mit der Universität verbunden war Johann Adam Ickstatt, der ab Mitte des 18. Jahrhunderts Professor und Rektor der Universität war, sich um ein neues Wissenschaftsverständnis bemühte und als Schöpfer des bayerischen Realschulwesens gilt.

- *die bayerische Landesfestung* Ingolstadt – mit der Universitätszeit überlappt: die sicherste Stadt im Lande. Bayerns Kurfürsten wollten zu München sich nähren, zu Ingolstadt sich wehren. Die Festung hielt mancher Belagerung und Tausenden von auf sie gefeuerten Kanonenkugeln stand. Selbst der gefürchtete Löwe aus Mitternacht, Gustav Adolf von Schweden, holte sich an den Ingolstädter Mauern einen blutigen Schädel. Schlimmer noch: die Ingolstädter Kanoniere schossen ihm seinen Schimmel unter dem Leibe weg. Das tote Pferd wurde dann in die Stadt geschleift, ausgestopft und ist heute im Stadtmuseum zu sehen.

Die Festung Ingolstadt, so ist in alten Quellen zu lesen, sei eine Jungfer; niemand habe sie erobern können. Nur: wie eine alte Jungfer habe sie sich später gutmütig ergeben.

1800 war das Schicksalsjahr. Die Universität wurde Ingolstadt genommen – sie ging nach Landshut und von dort dann 28 Jahre darauf nach München. Die Landshuter rächten sich: sie stellten die Statue des Landesherrn so, daß sie der Stadt den Rücken kehrt.

Auch für die Ingolstädter war und ist der Verlust ihrer Universität ein Grund stillen Vor-sich-hin-Grantelns. Eine Stadt mit dieser Vergangenheit, diesem Hintergrund – und ohne Universität! Wenn der Staat nicht bereit ist, Ingolstadt seinen angestammten, alten Rang als Universitätsstadt zurückzugeben, dann wird man sich eben selbst darum bemühen müssen: in den 90er Jahren unseres Jahrhunderts schickt sich Ingolstadt an, aus eigener Kraft an die 1800 unterbrochene Tradition anzuknüpfen.

1800 ging aber nicht nur die Universität verloren. Die Festung wurde auf Napoleons Befehl geschleift. Die zwei wesentlichen Daseinsberechtigungen der Stadt – Zentrum der Wissenschaft und Bollwerk der Landesverteidigung – waren verloren. Die Stadt stand in Gefahr, in die Unbedeutendheit eines Provinznestes herabzusinken. Das Gewerbe lag darnieder; die Einwohnerzahl ging rapide zurück. Ein großangelegtes staatliches Hilfsprogramm tat not. Der Gefahr eines allgemeinen Niedergangs entronnen zu sein, verdankt Ingolstadt König Ludwig I.; er befahl 1828 mit dem Neubau der Landesfestung zu beginnen. Die besten Architekten

5

des Hofes wurden damit betraut, so etwa Leo von Klenze. Die klassizistische Festung sollte nicht nur militärisch funktional sein, sie sollte auch dem künstlerischen Nachwuchs unter Bayerns Bauschaffenden Übungs- und Lehrstätte sein – und natürlich sollten die gewaltigen Bauarbeiten der Stadt Brot und Lohn verschaffen. Das Ausmaß der Anlage, der Umfang der Bauarbeiten war so enorm, daß man die Ingolstädter bald die Schanzer, die Stadt selbst die Schanz nannte. Mit der militärischen Ausrichtung der Stadt war die Entwicklung vorgegeben: bald überwogen die Uniformierten zahlenmäßig die ›Zivilpersonen‹; der Festungsgouverneur hatte mehr zu sagen als der Bürgermeister, und als Offizier dachte der Herr der Festung in Kategorien der Sicherheit.

So entstand z. B. das Glacis, heute ein Grüngürtel um die Altstadt, ursprünglich ein Streifen vor den Mauern, der von jeglicher Bebauung freizuhalten war: dem anstürmenden Feind sollte sich keine Gelegenheit zur Deckung bieten. Die Kontrollen waren streng, die Einlässe bewacht: kein Klima für ein aufstrebendes Unternehmertum. Während in den Gründerjahren allenthalben die Fabriken aus dem Boden schossen, erdrückten in Ingolstadt die Festungsmauern unternehmerische Initiativen. Als die Industrie dann doch, eher zögernd, einkehrte, waren es Militärbetriebe, die 1881 errichtete Königliche Bayerische Geschützgießerei und das 1887 entstandene Königliche Hauptlaboratorium. Die Geschützgießerei fertigte vorwiegend Kanonenrohre und Granaten, das Hauptlaboratorium Infanteriemunition und Zünder. Im wesentlichen blieb es dabei bis Ende des Zweiten Weltkriegs. Dann aber fielen die militärischen Fesseln. Die vorgehaltenen Flächen standen nun der Industrie zur Verfügung. Arbeitskräfte gab es mehr als genug. Ingolstadts Aufstieg zum Wirtschaftszentrum war vorgezeichnet. Nachzutragen bleibt ein interessantes aber kaum bekanntes Kapitel Ingolstädter Historie. Die Stadt war im Ersten Weltkrieg das größte Kriegsgefangenenlager im Deutschen Reich; Personen, die später in die „Weltgeschichte“ eingingen kamen so statt im Triumphzug im Gefangenentransport nach Ingolstadt. Etwa ein junger Hauptmann namens Charles de Gaulle, nachmals Präsident in Frankreichs Fünfter Republik oder ein junger zaristischer Unterleutnant Michail Nikolajewitsch Tuchatschewski, später der eigentliche Organisator der Roten Armee, Marschall und Generalstabschef der Sowjetunion, Vizevolkskommissar der Verteidigung und – 1937 – Opfer stalinistischer Säuberung, um nur die prominentesten zu nennen. Aus den militärischen Industrieanlagen ging die heutige Schubert und Salzer Maschinenfabrik AG hervor, eines der international führenden Unternehmen auf dem Spinnereimaschinensektor. Die Großindustrie hielt mit Audi in Ingolstadt Einzug – ein Ersatzteillager in einem Remisenbau war der Embryo des heute über 20 000 Beschäftigte zählenden Werks. In den 60er Jahren entstand das Raffineriezentrum Ingolstadt. Pipelines wurden gezogen, Ingolstadt mit Triest, Genua und Marseille verbindend. Die ›Revierferne‹ und die daraus resultierende Benachteiligung der bayerischen Industrie bei den Energiekosten sollten abgebaut werden. Die Stadt wuchs mit – sie wurde Zentrum einer Region von 350 000 Einwohnern.

Im Bewußtsein vieler hat sich nur die moderne Seite Ingolstadts festgesetzt: das neue Ingolstadt – das dynamische Energiezentrum, die aufstrebende Wirtschaftsstadt. Entsprechend ist der Erwartungshorizont, der sich mit der Stadt verbindet. Wer kennt schon das alte, das heimelige, das traditionsreiche Ingolstadt? Eine Stadt braucht beides: die zukunftsorientierte wirtschaftliche Entwicklung und die Erhaltung, Pflege und Präsentation ihrer Herkunft.

Auf beides hat die Stadt ihr Augenmerk gerichtet: Sie betreibt eine aktive Strukturpolitik mit dem Ziel der Erhaltung und Neuschaffung von Arbeitsplätzen, einer ausgeglichenen Wirtschaftsstruktur. Dafür steht ein in Bayern als beispielhaft geltendes Modell der Wirtschaftsförderung. Daneben rangiert gleichwertig die Aktivierung und Präsentation der städtischen Kultur, der steinernen wie der personenbezogenen. Dafür stehen die enormen Anstrengungen der Stadtsanierung, die vorbildlichen Leistungen im musealen Bereich, im Ausstellungs- und Theaterwesen, die Vielzahl von kulturellen Veranstaltungen der sogenannten Hochkultur wie der Kultur auf der Straße. Hinzu kommen die zahlreichen Vereine und Initiativen mit ihren eigenen Veranstaltungen.

Was auf den ersten Blick wie die Quadratur des Kreises anmutet, das Bemühen, die Anforderungen einer modernen Wirtschafts- und Industriestadt mit der Erhaltung gewachsener Stadtstrukturen, der Sanierung und Denkmalpflege zu verbinden, sind nur zwei Seiten einer bewußten Stadtentwicklung. Die Wirtschaft ist eingebunden in die gesamtkulturelle Entwicklung. Auch sie profitiert von einem sanierten Stadtbild, von vielfältigem kulturellem Angebot, von einem Umland mit Erholungswert.

Trotzdem scheint vielen Ingolstadt nicht sehr attraktiv zu sein. Es ist vielleicht falsch, zu sagen, Ingolstadt habe ein schlechtes Image. Vielmehr ist das, was es bieten kann, wenig bekannt. Hunderttausende fahren alljährlich an der Stadt vorüber, besessen vom Drang nach Süden. Was sie von Ingolstadt wissen, ist häufig nur, daß es, nach Nürnberg und vor München, an der Autobahn liegt. Sie sehen Raffinerietürme; sie wissen um die in der Stadt hergestellten Automobile. Allenfalls haben sie noch von den Pionieren in Ingolstadt gehört, an die sie vielleicht beim Queren der Donau denken. Und eine gehörige Portion Belesenheit wird nötig sein, wenn zu den Pionieren die Assoziation mit der Schriftstellerin Marieluise Fleißer käme.

Es ist durchaus zuzugeben, daß eine Stadt, in der es nur Raffinerien, nur Automobilindustrie, nur Pioniere gäbe, als Reiseziel nicht sehr attraktiv wäre; eine solche Stadt wäre geschichtslos. Nichts aber ist von der Ingolstädter Realität weiter entfernt. Die Beschäftigung mit Ingolstadts Vergangenheit – wie Archivdirektor Siegfried Hofmann einmal bemerkte – wird immer reizvoll sein: Bayerische Geschichte trifft sich hier mit Lokalgeschichte, die Stadt ist Spiegelbild der gesamtbayerischen Entwicklung und zugleich dank der ihr jeweils zugedachten besonderen Rolle mehr als dies; ja, es hat Zeiten gegeben, in denen Ingolstadts Ausstrahlung weit über Bayern hinausreichte. Das ist außerhalb Bayerns – vielleicht sogar außerhalb Ingolstadts – zu wenig bekannt. Die ›Auswärtigen‹, die die Stadt besuchen, sind häufig überrascht von dem, was sie vorfinden. Die Stadt ähnelt so wenig der Vorstellung, die man sich landläufig von ihr macht. Viele, die widerwillig, von Berufs wegen, nach Ingolstadt kamen, setzen alles daran, zu bleiben.

Ähnlich geht es jenen, die als Gäste einmal die Stadtluft geschnuppert haben; Ingolstadt gehört zu den Städten, die es dem Gast leichtmachen, sie zu entdecken. Die Altstadt kann er auf Schusters Rappen erforschen. Die für die Kreuzung Am Stein ebenfalls gebräuchliche Bezeichnung ›Schliffelmarkt‹ kommt vom altbayerischen schliffeln, süßem Nichtstun, her, eine Aufforderung, durch die hier beginnende Fußgängerzone zu schlendern; die Boutiquen und Straßencafés haben Atmosphäre. Am Ende der Ludwigsstraße liegt im Schatten des gotischen Herzogsschlosses der großzügige Paradeplatz. Von den Weisen der Wanderkünstler, die hier früher ihre Zirkusaufführungen abhielten, hat der bayerische Musiker Scherzer den als zweite bayerische Nationalhymne bezeichneten Bayerischen Defiliermarsch abgelauscht. In der Gegenrichtung führt die Theresienstraße vom Stein zum Münster. Der Blick über die giebelgesäumten Häuserreihen zu seinen massigen Türmen zählt zu den schönsten Straßenansichten in Bayern. Der Backsteinbau des Münsters und das vorgelagerte Kreuztor werden vielen Besuchern das Gefühl des Schon-ein-mal-Gesehen vermitteln, und dem Charme der liebevoll sanierten klassizistischen Festungsbauten wird sich kaum jemand entziehen können. Trotz aller Geschichtsträchtigkeit ist diese Stadt aber eben kein großes Freilicht-Museum. Von Geschichte und Tradition kann auch Ingolstadt nicht leben. Man spürt immer ganz leise den Pulsschlag einer Wirtschaftszentrale.

Was wäre eine alte bayerische Stadt ohne Bier? Die Ingolstädter nehmen das Lob ihres Bieres mit der Gelassenheit von Leuten entgegen, die wissen, daß das Reinheitsgebot von 1516, das den Weltruf des bayerischen Biers begründete, eben hier erlassen wurde, und bayerische Lokale und Biergärten gehören seit alters mit zur Infrastruktur der Freizeit in einer altbayerischen Stadt. Das heißt nicht, daß wer haute cuisine suchte, sie nicht fände: es gibt sie ebenso wie für Nachtschwärmer die Diskotheken und Bars.

Großstädtisch – ohne seine Eigenheit zu verlieren – ist das Kulturangebot. Welche andere Stadt dieser Größenordnung leistet sich schon ein eigenes Ensemble am Stadttheater, das das ›Große Haus‹ und die ›Werkstattbühne‹ bespielt, noch dazu ein Ensemble von solchem Ruf, daß es immer wieder Einladungen weit über das Land hinaus erhält? Kunstgalerien, Kultursommer, Kulturdreiklang stehen für ein reges Kulturangebot, ganz zu schweigen von den Museen: das einzige bayerische Staatsmuseum außerhalb der Landeshauptstadt, das Bayerische Armeemuseum, befindet sich in Ingolstadt, Verbeugung der Millionenstadt vor der Geschichte der älteren Schwester. Einzigartig im deutschsprachigen Raum ist das Deutsche Medizinhistorische Museum, untergebracht in den Räumen der Alten Anatomie, einem barockschlößchenartig anmutenden Bau, der einst die naturwissenschaftliche Experimentierstätte der Ersten Bayerischen Landesuniversität aufnahm. Sehr früh wurden hier Leichenöffnungen vorgenommen, und so kann es kaum verwundern, daß der Ur-Frankenstein, das Vorbild aller Monster, 1818 in einem Roman der Engländerin Mary Shelley ausgerechnet in Ingolstadt zur Welt kam. Ein Juwel ist auch das dritte Museum, das 1981 eröffnete Stadtmuseum: wer nur ein wenig Ingolstadts Geschichte kennt, wird hohe Erwartungen an es stellen: das Stadtmuseum hat diese Herausforderung angenommen. Daß der Sitz der Ersten Bayerischen Landesuniversität über ein breitgefächertes schulisches Angebot verfügt und schwindelerregende Summen in Schulbauten investierte, war schon fast eine Ehrensache.

Wirtschaftsstadt, Kulturstadt; müßte damit eine Stadt nicht zufrieden sein? Es fehlt noch eines, zwar mit den anderen verbunden, aber doch die nötige Ergänzung: die soziale Komponente. Eine Stadt wird nur dann ein Ganzes sein, Individualität – das bedeutet wohl Ganzheitlichkeit und damit Charakter – erhalten, wenn sie sich bemüht, alle Bürger zu integrieren; und hier ist es vornehme Pflicht der Stadt, den weniger Begünstigten zu helfen. Es hat in Ingolstadt eines Jahres des Behinderten nicht bedurft, um auf die Probleme der Behinderten hinzuweisen. Ein Werk der Bürgerschaft war es, daß dank der Initiative des Donau-Kuriers, der Grund zu den Behindertenwerkstätten gelegt wurde. Behindertenzentrum, Sonder- und Heilschulen sind nur Stichworte aus einem umfangreichen Katalog. Daß Ingolstadt als familien- und kinderfreundliche Stadt einen Preis der Bayerischen Staatsregierung zugesprochen erhielt, ist Zeichen nicht nur einer sozialen Grundkomponente der Stadtpolitik, sondern auch vielfältiger sozialer und kultureller Initiativen der Bürgerschaft. Eine Stadt ist eben nur so viel wert, wie ihre Bürger aus ihr machen.

Damit sind wir bei den Ingolstädtern und den Ingolstadt-Kennern. Sie sehen diese Stadt ganz anders als die Auswärtigen: als einen überschaubaren Lebensraum, der im Gegensatz zu Metropolen noch die persönliche Vertrautheit, die personale Beziehung zuläßt. Geborgenheit, Heimatgefühl sind hier zu spüren. Feste werden gefeiert – voran der bayerische Fasching –, Ausstellungen abgehalten, mehr Kinderfeste als andernorts durchgeführt. Die Stadt, in der jeder Dritte Mitglied eines Sportvereins ist, mischt im Spitzensport, mehr noch im Breitensport mit und verfügt über hervorragende Sportanlagen. Vom herrlichen Umland profitieren die Ingolstädter ebenso, wie vom gut ausgebauten Radwegenetz, das ihnen das Ausschwärmen erleichtert. Die Leistungen der vergangenen Jahre, die Pläne für die Zukunft lassen es deutlich werden: Ingolstadt ist auf dem besten Weg, zum Geheimtip in Bayern zu werden. Die Stadt hat Charakter; das heißt wohl auch Unverwechselbarkeit, ihre Züge, die sie von allen anderen Städten unterscheiden, eine Eigenart, die es erlaubt, sich mit ihr zu identifizieren, als ihr Bürger stolz auf sie zu sein. So hat es die Ingolstädter auch kaum berührt, daß ihre Stadt außerhalb der Region wenig bekannt, wenig beachtet war.

Ingolstadt ist keine Stadt fürstlicher Prachtbauten. Von der kurzen Epoche der Residenzstadtzeit abgesehen, lebten hier keine Landesherren, die fürstliche Akzente gesetzt hätten. Es war eine eher behäbige, gutbürgerliche Stadt – mit gesetzten Professoren und sehr gemütlichen Offizierschargen – was sich auch im Stadtbild niedergeschlagen hat. Was man außerhalb dieser geschlossenen Welt von der Stadt dachte, war der größeren Mühe des Nachdenkens kaum wert. Da kam es schon eher darauf an, was man von sich selbst hielt: und an Selbstbewußtsein hat es den Ingolstädtern selten gemangelt.

Es ist ein alter, gewachsener Stolz. Beredtes Zeugnis davon legt das Ingolstädter Privilegienbuch ab, und nicht minder das heute im Stadtmuseum ausgestellte Sandtnermodell. Es war durchaus Übung, in Kopialbüchern die Texte der erhaltenen Urkunden des eigenen Besitzes zusammenzustellen; dennoch ist dieses 1493 vom Stadtschreiber Andreas Zainer angelegte, in einer aufwendigen Prunkschrift gestaltete Privilegienbuch (S. 70–71) eine Besonderheit. Mit dem Jahr 1493 setzten die Porträts der Bürgermeister, Schreiber und Räte der Stadt ein, und werden in Generationssprüngen – die zugleich ein Handbuch der sich wandelnden Mode darstellen – bis ins 19. Jahrhundert weitergeführt. Für Ingolstadt ist Zainers Privilegienbuch zu einer einzigartigen Bilddokumentation von vierhundert Jahren Stadtgeschichte geworden. Im Gegensatz zu diesem aus konservatorischen Gründen der Öffentlichkeit nicht zugänglichen Dokument ist das Sandtner-Modell (S. 24) heute im Stadtmuseum ausgestellt. Jakob Sandtner hatte für den bayerischen Herrscher große Modelle bayerischer Städte gefertigt. Ähnlich den vom Ingolstädter Universitätsprofessor Philipp Apian verfaßten bayerischen Landtafeln – dank derer sich Bayern rühmen konnte, die ersten auf genauer trigonometrischer Messung beruhenden Landkarten der Welt zu besitzen – leisteten auch diese präzisen Abbilder der Städte dem werdenden Staatsbewußtsein wertvolle Dienste. Daß sich die Ingolstädter bei Sandtner ein weiteres kleineres Modell mit zündholzgroßen, aber äußerst präzisen Aufnah-

men bestellten, schlägt in die gleiche Kerbe – es deutet auf ein durchaus gesundes Selbstbewußtsein, das nach Überlieferung des Bestehenden an die folgenden Generationen trachtete. Ähnliches gilt, wenn Ingolstadt heute seine Geschichte in einem überaus reichen und nach allgemeiner Ansicht hervorragenden Stadtmuseum (S. 69, 72 ff.) präsentiert.

Ein Stadtporträt kann keiner strengen chronologischen Ordnung folgen – wie auch eine Stadt sich nicht in systematischer Abfolge von Straßenzügen präsentiert.

In dem hier vorgelegten Querschnitt Ingolstädter Sehenswürdigkeiten sollten beide Seiten – das alte historische und das neue, moderne Ingolstadt aufgenommen werden. Was kann ein Bildband leisten? Kaum mehr als eine Anregung, sich mit den Schönheiten, den Sehenswürdigkeiten einer Stadt auseinanderzusetzen.

Das bildhafte Porträt einer Stadt wird immer unter einem Vorbehalt zu sehen sein: die Stadt lebt – der Bildband aber kann nie mehr sein als eine Momentaufnahme eines ständig sich wandelnden Wesens, die zudem – durch Auswahl – auf manchen wesentlichen Gebieten zwangsweise unterbelichtet bleibt.

Dagegen gibt es nur ein Mittel: die Stadt selbst zu erleben, sie zu durchstreifen, ihren Herzschlag zu fühlen, sich selbst mit ihr vertraut zu machen.

Die Bilder würfeln die Zeiten durcheinander. Die Beschreibung hier kann sie ihren Epochen zuordnen.

Um mit den älteren Bauzeugen zu beginnen: Zu den ältesten Ingolstädter Bauten gehört die mit dem Alten Rathaus baulich verbundene und an den Schliffelmarkt anliegende St.-Moritz-Kirche, von der wiederholt schon die Rede war (S. 22, 96). Zu den Schätzen der Kirche gehört die Silberstatuette einer Immaculata (S. 23), die nach einem Modell von Ignaz Günther von dem Münchner Goldschmied Josef Friedrich Canzler gegossen wurde. Die Türme dieser ältesten Stadtpfarrkirche sind merkwürdig verteilt: der eigentliche Kirchturm – mit Anklängen an die Türme des Eichstätter Domes – gehört in Teilen noch zu dem Bau des 13. Jahrhunderts. Der schlankere, gotische Turm der Westseite diente der Stadt als Wachtturm, von dem herab der Diensthabende sich bei Feuerausbruch bemerkbar machen mußte. Jeder der vier Stadtteile der Altstadt hatte seine Farbe – eine entsprechende Fahne zeigte an, in welcher Ecke der Stadt ein Brand ausgebrochen war. Daß es brannte wurde akustisch von der Turmspitze aus mitgeteilt. Von daher stammt wohl auch der Name: Pfeifturm. Mit zur alten Stadt gehört natürlich auch die Stadtmauer. Von der Mitte des 14. Jahrhunderts bis 1430 wurde ein trutziger Ring um die Stadt gezogen; 1385 entstand das heute schon fast zu einem Ingolstädter Wahrzeichen gewordene Kreuztor (S. 35). Türme und Tore (S. 37), teilweise noch erhalten, umschließen noch heute die Altstadt und prägen ganze Stadtpartien entscheidend mit. Zum ältesten Ingolstadt gehört das Kloster Gnadenthal, wiewohl außerhalb der ersten Stadtumwallung liegend. Bis 1276 geht die Geschichte des Franziskanerinnenklosters zurück, das seit dem Ende des 15. Jahrhunderts die Bezeichnung »im Gnadenthal« führt. Manche Legende rankt sich um das Kloster; manche Klosterfrau starb im Rufe der Heiligkeit. Nach der Säkularisation verdankte das Haus Ludwig I. seinen Fortbe-

stand, der mit der Erziehung der weiblichen Jugend verknüpft war. Im Klausurbereich des Klosters – und deshalb der Öffentlichkeit nicht zugänglich – liegt eine voll eingerichtete Apotheke (S. 38) aus der Zeit um 1700; manches der Instrumente findet sich wieder auf einem eigenartigen Bild des Christus als Apotheker. Beachtenswert sind auch die wunderschönen, naiven Darstellungen des Klosterlebens auf den Schubladen.

Dem Residenzort Ingolstadt ist der nächste Zeitabschnitt gewidmet. Residenzstadt wurde Ingolstadt unter Stephan dem Kneißl (d. h. dem Prächtigen). Stephan residierte in seiner Ingolstädter Zeit im Herzogskasten. Der Bau geht auf Ludwig den Strengen zurück, also auf die zweite Hälfte des 13. Jahrhunderts, und ist damit der älteste in Ingolstadt noch erhaltene Profanbau. Liebevoll saniert nahm er 1980 die Ingolstädter Wittelsbacher-Ausstellung auf und beherbergt nach deren Abschluß die nach der Ingolstädter Dichterin Marieluise Fleißer benannte Stadtbücherei (S. 25).

Dem gestiegenen fürstlichen Repräsentationsanspruch mochte der Herzogskasten wohl bald nicht mehr genügen. Der Sohn Stephan des Kneißls, Ludwig der Gebartete, befahl denn auch um 1417/18 den Bau der Neuen Veste (S. 17, 32). Zwanzig Jahre hatte er am Hof seiner Schwester Isabeau de Bavière, Königin von Frankreich, zugebracht und gelernt, daß Macht sich in der Pracht fürstlicher Bauten und Hofhaltung auch politisch eindrucksvoll dokumentiert. So entstand das Neue Schloß, nach außen ein Fortifikationsbau, wie ihn Bayern bis dahin nicht gekannt hatte, im Inneren aber mit schon renaissancehaft pracht- und lichtvollen Räumen. Die alte Hauptstraße endet heute vor seinen Toren auf dem Paradeplatz, wo der Ingolstädter Militärmusiker Adolf Scherzer den Zirkusleuten den berühmten Bayerischen Defiliermarsch ablauschte. Heute ist das einst als Fürstenresidenz erdachte Schloß Sitz des Bayerischen Armeemuseums.

Museum und Schloß sind eine Symbiose eingegangen: die ursprüngliche Architektur verträgt sich mit den Exponaten. Festlich gestalten die Feldzeichen den Fahnensaal des Museums, farbenprächtig leuchten die Beutestücke aus den Türkenkriegen (S. 33). Kein Hurra-Patriotismus, sondern historische Dokumentation ist das Anliegen dieses einzigartigen Museums, das auf weiteren Ausbau in Ingolstadt setzt.

Von den Residenzen zu den Ingolstädter Kirchen.

Auch hier steht eine Schöpfung Ludwigs des Gebarteten am Anfang, das als Herrschafts- und Grabeskirche gedachte Münster. Nicht nur des lebendigen, auch des toten Leibes Wohnung beschäftigte die Fürstlichkeiten des ausgehenden Mittelalters. Eine lapidare Inschrift verzeichnet das Jahr 1425 als Gründungszeit; das Münster sollte des Fürsten Grabeskirche werden. Doch die Politik der damaligen Zeit bewirkte, daß er als Gefangener seines eigenen Sohnes und nach dessen Tod des Landshuter Fürsten 80jährig in Burghausen starb und in Raitenhasslach begraben wurde. Eine breitgelagerte, dreischiffige, spätgotische Hallenkirche ist so entstanden, deren markantes Kennzeichen die mächtigen, wohl etwas zu kurz geratenen, mit wuchtigen, weißen Hausteinen versehenen

Türme sind (S. 43). Der durch 18 Säulen gegliederte Innenraum (S. 46) erzielt eine ungeheuer saalartige Wirkung.

Das Hochaltarbild (S. 47), 1572 – also genau 100 Jahre nach der Universitätsgründung in Ingolstadt – geschaffen, zeigt seinen Stifter, Herzog Albrecht V. Die Patrona Bavariae, umgeben von Engelschören, thront über dem Herzog, umgeben von seinen Söhnen und seiner Gemahlin Anna von Österreich mit den Töchtern.

Namengebend für die Kirche ›Zur Schönen Unserer Lieben Frau‹ war ein in Gold- und Silberemail gearbeitetes, edelsteinbesetztes Kunstwerk dieses Namens. Ludwig der Gebartete bekam von seinem Schwager Karl VI., König von Frankreich, den französischen Thronschatz verpfändet und brachte ihn – darunter dieses Gnadenbild – nach Ingolstadt. 1438 schenkte er es dem Münster, seiner Herrschaftskirche, wohl weniger als großzügige Geste, denn als politisch-berechnete Handlung. Für den von Gottes-Gnaden-Herrscher hatte ein Heiltumsschatz in seiner Hauskirche auch reelle politische und dynastische Bedeutung.

Doch kann sich der Abschnitt Ingolstädter Kirchen nicht nur mit dem Münster befassen. Zu den ältesten Ingolstädter Kirchen gehört die Franziskanerkirche (S. 29), die nach 1275 in Bettelordensarchitektur erstellt, später aber mehrfach verändert wurde. Seit dem späten Mittelalter war sie Grablege von Universitätsprofessoren und Stadthonoratioren. Aus der Vielzahl der Epitaphien wurde hier jenes des Arztes und Universitätslehrers Wolfgang Peisser (S. 30) aufgenommen. Mitten in der Stadt steht die Spitalkirche (S. 31), von außen kaum als Kirche erkenn-

12

bar, ohne Turm, nur mit einem Dachreiter geziert. Sie schloß sich an das 1319 von Kaiser Ludwig dem Bayern gestiftete Hl.-Geist-Spital an. Die kleine, jetzt renovierte Kirche, eine intime, in sechs Joche gegliederte Halle ist unterteilt durch schlanke Pfeiler, die das herrliche Netzgewölbe tragen. Bis heute besteht die Stiftung Ludwigs des Bayern fort und ist nun Träger des Ingolstädter Altenheims, das erst kürzlich aus dem der Kirche benachbarten Gebäude in das neue Hl.-Geist-Spital-Altenheim umgezogen ist.

Das neue Altenheim der Hl.-Geist-Spitalstiftung liegt in direkter Nachbarschaft zu einem Kleinod des bayerischen Rokokos, dem Bürgersaal Maria de Victoria, der 1732–1736 als Betsaal der Marianischen Studentenkongregation erbaut wurde. Egid Quirin Asam gelang hier ein Meisterwerk. Die lichte, ornamental gezierte Fassade (S. 49) läßt die Pracht des Innenraums nicht vermuten. Durch einen eher dunkel gehaltenen Vorraum (S. 50) betritt der Besucher einen rechteckigen, keineswegs hohen Saal und wird gefesselt von der prachtvollen Ausstattung des Raumes. Ein ›Theatrum Sacrum‹ (S. 52) ist hier entstanden, an die jesuitische Tradition in Ingolstadt gemahnend. Cosmas Damian Asam hat ein Riesenfresko (S. 53) gemalt, das den Betrachter durch seine Trompe-l'œil-Effekte immer erneut in Erstaunen versetzt. Das Bild lebt durch die Bewegung des Betrachters: je nach dessen Standort verändert es seine Perspektiven. Jesuitisch ist das Thema: Maria als Mittlerin göttlicher Gnaden. Gottes Gnadenstrahl wird vom Herzen Marias in die vier Kontinente, die vier Raumecken, reflektiert. Jesuitisch ist der Anspruch: die Mission der Erdteile.

Phantastisch ist der Rocailledekor; prunkvoll sind die Professorenstühle (S. 54). Den Hochaltar flankieren die Patrone der Fakultäten: Cosmas für die Medizin, Thomas von Aquin für die Theologie, Ivo für die Jurisprudenz und Katharina von Alexandrien für die Philosophie – Statuen des Dillinger Bildhauers Johann Michael Fischer. In der Sakristei wird die Lepanto-Monstranz (S. 56, 57) gezeigt, eine Arbeit des Augsburger Goldschmieds Johann Zeckl von 1708. Dargestellt ist der christliche Sieg über die Türken in der Seeschlacht bei Lepanto. Das Türkenschiff sinkt, Haremsdamen ertrinken, während das stolze Christenschiff die Miniaturporträts der teilnehmenden christlichen Herrscher trägt und Engel in Segeln und Wanten die Christen unterstützen. Wenngleich es unangebracht sein mag, bei sakralen Kunstgegenständen von materiellem Wert zu sprechen, so sei doch vermerkt, daß dieses Kunstwerk als die wertvollste Monstranz der Welt bezeichnet wird.

Nach den Residenzen und Kirchen die Universität. 1472 entstand in Ingolstadt die Erste Bayerische Landesuniversität (S. 39), die elfte im Heiligen Römischen Reich. Sie wurde untergebracht im Pfründnerhaus, das – wie Neues Schloß und Münster – auf Ludwig den Gebarteten zurückgeht. Seine Bewohner sollten an seinem Grabe Gebetsdienste verrichten. Unter dem Landshuter Ludwig dem Reichen hielt dann hier die Universität Einzug. Das gewaltige Bauwerk mit dem hohen Satteldach sah Männer in seinen Mauern lehren, deren Namen in ganz Europa Klang hatten. Viel kunsthistorisch Wertvolles hat sich in diesem Haus aber nicht erhalten. Daß zu einer Universität quasi selbstverständlich auch eine Bibliothek gehört, hat dazu geführt, daß die dem Stadtmuseum zugeordnete wissenschaftliche Bibliothek noch heute über Bestände der ehemaligen Universitätsbibliothek verfügt. Eine Sammlung von Büsten, die fälschlich für Heilige gehalten wurden, in Wirklichkeit wohl Philosophendarstellungen (S. 67) sind und einst den Lesesaal der Universitätsbibliothek zierten, sind im Stadtmuseum zur Aufstellung gelangt.

Zum Schönsten, was die Universitätszeit hinterlassen hat, zählt die Alte Anatomie, eine naturwissenschaftliche Experimentierstätte aus der Zeit, da die Wissenschaft sich von der philosophisch-spekulativen der naturbeobachtenden-experimentellen Methode zuwandte. Das wie ein Barockschlößchen anmutende Gebäude ist auf einem alten Stich (S. 65) und im heutigen Zustand (S. 64) abgebildet. Sichtbar dabei wird der botanisch-medizinische Garten, der daran erinnert, daß in Ingolstadt das Wirkungsfeld von Prof. Fuchs lag, nach dem die Fuchsie benannt wurde. Das alte Theatrum Anatomicum hätte keine bessere Verwendung finden können, als Sitz des Deutschen Medizinhistorischen Museums (S. 66) zu werden, das die Geschichte der Heilkunst von den Anfängen bis hin zur modernen Medizintechnik zu dokumentieren sucht.

Daß die Stadt bemüht ist, auch hier einen Ruf zu verteidigen, zeigt das neue Klinikum (S. 90), das im Norden der Stadt eben entstanden ist. Mit den 1050 Betten ist es insoweit modellhaft, als hier erstmalig der Versuch unternommen wurde, eine Psychiatrie voll in ein somatisches Krankenhaus zu integrieren und damit ›Geistes‹-Kranken das Stigma einer herkömmlichen Nervenheilanstalt zu ersparen.

Mit der Universitätszeit überlappt war die spätere Baugeschichte der Stadt, die Geschichte der Festung (S. 58 ff.). Die von 1828 an wiedererrichtete, klassizistische Festung prägt mit ihren Kasernen, Cavalieren, Kasematten bis heute entscheidend weite Partien der Altstadt. Die klassizistischen Bauten, so die Friedenskaserne, die Flandernkaserne, das Zeughaus wurden liebevoll restauriert. Sie saniert, d. h. erhalten und einer neuen Nutzung zugeführt zu haben, ist Verdienst einer verantwortungsvollen Stadtgestaltung: Das Zeughaus nahm die Staatliche Gewerbliche Berufsschule, der Cavalier Hepp das Stadtmuseum auf. Die militärisch-baulichen Notwendigkeiten haben für die Stadt heute um das Zentrum einen Grünbereich gezogen, das ehemalige Glacis (S. 60, 61). Kaum eine andere Stadt besitzt so reiches ›Grün im Altstadtbereich‹, so daß sich hier die Forderungen führer Militärs zum heutigen Vorteil auswuchsen. Daß das Militär die Stadt auch einengte, zeigt sich hingegen an der wirtschaftlichen Entwicklung, wovon bereits die Rede war.

Das älteste Ingolstädter Großunternehmen erwuchs denn auch aus der Königlich-Bayerischen Geschützgießerei (S. 86). Heute ist mit Schubert & Salzer eine Textilmaschinenfabrik entstanden, deren Produkte zu einem Wertbegriff wurden und die weltweit dazu beitragen, den Namen Ingolstadt mit einem industriellen Gütesiegel zu versehen. Daß Ingolstadt und Raffinerien (S. 89) zu einem Synonym-Paar geworden sind, wurde bereits angesprochen, obwohl gerade die Raffinerien zum größeren Teil nicht mehr auf städtischem Boden liegen.

Größter Arbeitgeber der Stadt ist die Audi NSU Auto Union AG mit rund 20 000 Beschäftigten (S. 84, 85). Mit ›Vorsprung durch Technik‹ drückt Audi seinen Anspruch aus, technisch richtungweisende, komfortable, wirtschaftliche und sichere Fahrzeuge von hohem Qualitätsstand zu entwickeln und zu produzieren. Die 1965 wiederentstandene Markenbezeichnung Audi steht für ein interessantes Kapitel deutscher Automobilgeschichte und macht Ingolstadt auf europäischen Straßen präsent. Dennoch ist die wirtschaftliche Monostruktur Ingolstadts nicht problemlos. Die Abhängigkeit des städtischen Finanzaufkommens von fast nur einem Unternehmen trägt in nichts zu einer ausgeglichenen Nachtruhe des Stadtkämmerers bei. Die Stadt ist deshalb bemüht, möglichst viele qualifizierte – insbesondere arbeitsplatzschaffende – Unternehmen anzusiedeln. Sie kann dabei eine ganze Reihe von Standortvorteilen ins Treffen führen: da ist die hervorragende Lage: keine Stadt liegt zentraler in Bayern; da ist die hervorragende verkehrstechnische Erschließung durch Autobahn und Bahn; da ist die durch die modernst ausgestatteten Stadtwerke (S. 88) gesicherte Energieversorgung. Darüber hinaus hat die Stadt eine Industrieförderungsgesellschaft als hundertprozentige Tochtergesellschaft gegründet, die ansiedlungswillige Unternehmen nicht nur Verhandlungen mit städtischen und staatlichen Behörden abnimmt, sondern ihnen genau auf ihre Produktionsbedürfnisse zugeschnittene Grundstücke zur Verfügung und Fabrikanlagen erstellt, die von den Firmen in einem langfristigen Leasingverfahren ins

Eigentum übernommen werden. Im Einklang mit einer bewußten Stadtgestaltung wurde dafür ein Industriegebiet in unmittelbarer Autobahnnähe erschlossen, auf dem die Erfolge dieses Wirtschaftsförderungsmodells sichtbar werden. Zugleich ist es damit gelungen, Betriebe aus der Altstadt hierher umzusiedeln, um im Altstadtbereich anstehende Sanierungsmaßnahmen durchzuführen.

Es ist ebensowenig eine Alternative, in völlig gesunder und unberührter Natur arbeitslos zu sein, wie es keine Alternative sein kann, in einer reinen Industriestadt zwar Arbeit, aber keine Möglichkeit zur Erholung, zur Entspannung, zu naturnahem Erleben zu haben. Stadtsanierung und Naturpflege sind insoweit auch Wirtschaftsförderung, als nur eine Stadt, die auch ein attraktives Stadtbild und ein ansprechendes Umfeld bieten kann, auch über für Arbeitnehmer interessante Arbeitsplätze verfügt.

Für die reizvolle Ingolstädter Umgebung stehen die Naturräume im Stadtgebiet, der Gerolfinger Eichenwald (S. 81), die Donauauen und die Naherholungsräume Baggersee und Staudammbereich, die von den Ingolstädtern ebenso gern angenommen werden, wie die überaus zahlreichen hervorragenden Sporteinrichtungen für jede nur erdenkbare Sportart.

Für die nicht nur sportlich Interessierten bieten die Biergärten der Stadt eine Erholungsmöglichkeit, denn wo läßt sich besser als unter alten Kastanien Ruhe und Erholung tanken.

Keine Stadt, die nicht ihren Kindern Entfaltungsmöglichkeiten bietet, kann erwarten, daß diese Kinder sich später mit ihr identifizieren, sich für sie engagieren. Aus jungbürgerlichem Engagement, einem Arbeitskreis der Ingolstädter Fachoberschule, erwachsene Initiativen – wie das Spielmobil – (S. 78) wurden von der Stadt daher übernommen und brachten Ingolstadt in den Katalog der vom Bayerischen Staat als nachahmenswert empfohlenen Beispiele aus dem Jahr des Kindes. Zur Stadt als Lebensraum gehört auch die Funktion des Einkaufes, sei es in der Form des Wochenmarktes (S. 87), sei es in der Form moderner Geschäfte, der Fußgängerzone, die weit über die Stadt hinaus die Bedeutung eines regionalen Einkaufszentrums trägt.

Straßenzüge, Kreuzungen, alte Häuser, pittoreske Details und Winkel gehören zu den Schönheiten einer Stadt, die sie anziehend, heimelig, unverwechselbar – also charaktervoll – und damit dem Besucher, mehr noch dem Bewohner, liebenswert machen.

Ingolstadt bemüht sich, seine Altstadt zu neuem Leben zu führen. Wie auch andernorts war das Ingolstädter Zentrum in Gefahr mehr und mehr zu verkommen und seine Einwohner zu verlieren. Wesentlicher Grund dafür war die starke Verkehrsbelastung, der Durchfahr- und Parksuchverkehr. Energisch und einstimmig hat sich der gesamte Stadtrat dieser Entwicklung entgegengestellt. Verkehrsberuhigung der Altstadt wurde ein Stichwort, das nicht mehr von der Tagesordnung des Stadtrats und seiner Ausschüsse rutschte. Inzwischen ist Ingolstadt bundesweite Modellstadt „für flächenhafte Verkehrsberuhigung". Die Altstadt wurde 1981 in „Quartiere" eingeteilt, der Verkehr quer durch das Zentrum unterbunden. Ein städtebaulicher Ideenwettbewerb sammelte Vorschläge zur baulichen Gestaltung und weite-

ren Altstadtsanierung einer zauberhaften Altstadt. Eine Stadt mit einer Vergangenheit wie Ingolstadt schuldet es sich, sein bauliches Erbe zu erhalten und wo möglich zu verbessern oder zu ergänzen.

Und natürlich gehört es zu den nobelsten Verpflichtungen einer Stadt, die sich diesen Namen verdienen will, kulturelle Angebote zu schaffen. Kultur als die Summe der geistigen und künstlerischen Lebensäußerungen, wie sie das Lexikon definiert, ist schwer zu dokumentieren und doch: sie trägt erheblich zum Charakter der Stadt bei, sie erfüllt die tote, steingewordene Kultur erst mit Leben. Dazu gehört die Kultur auf der Straße, wie sie der Ingolstädter Kultursommer mit großem Erfolg praktiziert; dazu gehört auch die Hoch- und Saalkultur. Weit über die Grenzen der Region hinaus bekannt ist das Ingolstädter Stadttheater auch mit seinen Freilichtaufführungen in der historischen Kulisse eines Festungsbaus. Die Tradition des Jesuitentheaters lebt im neuen Stadttheater (S. 91) fort, das kultureller Treffpunkt der Stadt ist. Mit Großem Haus, Werkstattbühne, Ausstellungsräumen und dem Festsaal ist ein breiter Rahmen für kulturelle Aktivitäten gesetzt. Zur Kultur gehören auch die vielen Kunstgalerien und nicht zuletzt das Stadtmuseum, dessen Barocksaal (S. 74), ebenso wie Maria de Victoria, stilvoller Rahmen für kulturelle Veranstaltungen sein kann. Daß Ingolstadt auch im Bereich der Musik Tradition pflegt, zeigt die Musikabteilung des Stadtmuseums, zeigen die klassischen (S. 51) ebenso wie die Pop- und Rockkonzerte.

Ingolstadt ist eine Stadt voller Leben – eine Stadt, in der es sich (hervorragend) leben läßt.

Blick über das Reduit Tilly
View over Reduit Tilly
Vue vers le Reduit Tilly

Seite 17
Das Neue Schloß
The New Castle
Le nouveau château

Schleifmühle – ein intimer Altstadtbereich
Schleifmühle – an intimate square of the old town centre
Schleifmühle – un quartier intime de la vieille ville

Donauufer · The meadows of the Danube · Les bords du Danube

20

Das Ingolstädter Wappentier – der feuerspeiende Panther
The Heraldic Animal of Ingolstadt – the Fire-spitting Panther
La panthère qui crache du feu – l'animal héraldique d'Ingolstadt

St. Moritz – Blick aus dem
Langhaus in den Chor
St. Moritz – view from
the nave to the choir
St. Moritz – vue de la nef
vers le chœur

Die berühmte Canzler-
Madonna in St. Moritz
The famous Madonna by
Canzler, Moritz-Church
La célèbre Madone de
Canzler dans la Moritzkirche

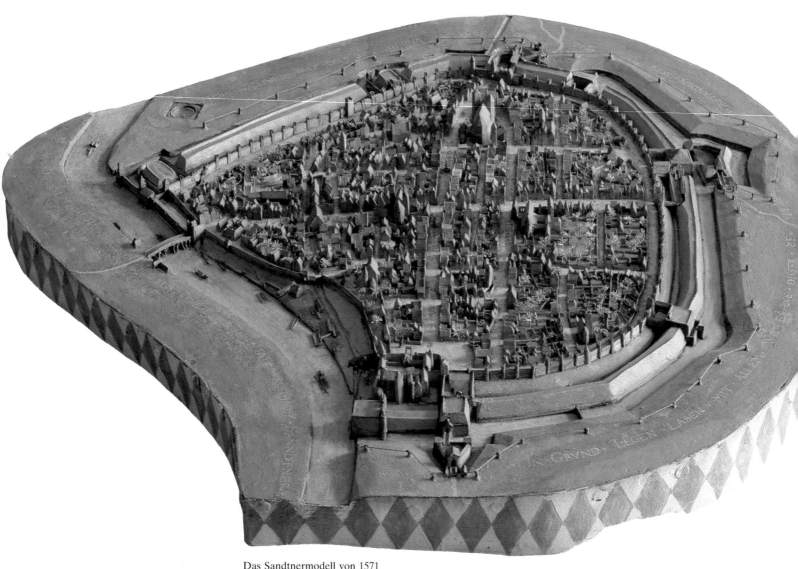

Das Sandtnermodell von 1571
The Town Model by Sandtner, 1571
La maquette de la ville de Sandtner, 1571

24

Das alte Herzogsschloß – der Herzogskasten
The Herzogskasten – the Old Ducal Castle
Le Herzogskasten – l'ancien château ducal

Das Chörlein am Herzogskasten
The "Chörlein" at the Herzogskasten
L'absidiole du Herzogskasten

Das alte Rathaus von Ingolstadt
The old Town Hall of Ingolstadt
Le vieil hôtel de ville d'Ingolstadt

Bürgerhäuser-Giebelfassaden
Gabled façades
Des maisons à pignon

28

Franziskanerkirche
Franziskaner Church
L'église des Franciscains

Das Peisserepitaph
in der Franziskanerkirche
The Peisser epitaph
L'épitaphe de Peisser

Innenraum der Spitalkirche
The interior of the Spital Church
L'intérieur de la Spitalkirche

Das neue Herzogsschloß – Sitz des Bayerischen Armeemuseums
The New Ducal Castle – Seat of the Bavarian Army Museum
Le nouveau château ducal – siège du musée Bavarois de l'Armée

Beutestücke aus den Türkenkriegen – Exponate des Bayerischen Armeemuseums
Items of the booty of the Turkish Wars – Stock of the Bavarian Army Museum
Des pièces du butin des guerres contre les Turcs – collection du Musée Bavarois de l'Armée

◄ Münzbergtor
The Münzberg Gate
La porte de Münzberg

Kreuztor
The Kreuz Gate
La porte Ste-Croix

Pappenheimerrüstungen in der sog. Dürnitz des Neuen Schlosses
The Pappenheim armours in the so-called Dürnitz of the New Castle
Les cuirasses de Pappenheim dans la salle dite Dürnitz du Nouveau Château

Erhaltene Mauerpartie der alten Stadtumwallung
Preserved part of the old rampart
Des parties conservées des murs de la vieille enceinte de la ville

Apotheke von 1700 im Gnadenthalkloster
Pharmacy from the time around 1700
in the monastery of Gnadenthal
La pharmacie du couvent Gnadenthal
datant de 1700

Die Hohe Schule, Sitz der ersten bayerischen Landesuniversität
The First Bavarian State University
La première université de Bavière

39

Feldkirchner Tor
The Feldkirchen Gate
La porte de
Feldkirchen

Sebastiankirche
The Sebastian's Church
L'église Sebastian

Blick über den Dachfirst des Münsters
Ingolstadt from a Bird's Eye View – view over the Minster
Vue du Haut de la cathédrale

Das Münster »Zur Schönen Unserer Lieben Frau« ▶
The Minster "To Our Beautiful Dear Lady"
La Cathédrale «A Notre Bonne et Belle Dame»

Münster
The Minster
La cathédrale

Seite 46
Blick zum Hochaltar
View to the High Altar
Vue vers le maître-autel

Seite 47
Der Hochaltar
The High Altar
Le maître-autel

Münsterinnenraum – Blick zur Orgelempore ▶
The interior of the Minster – view to the organ gallery
L'intérieur de la cathédrale – vue sur la tribune d'orgues

44

Das Eckepitaph
Eck's epitaph
L'épitaphe d'Eck

Maria de Victoria
Maria de Victoria
Maria de Victoria

49

Der Vorraum zum Bürgersaal Maria de Victoria
The entrance-hall of the Civic Hall Maria de Victoria
Le vestibule de la salle de confédération Maria de Victoria

Konzertveranstaltung in Maria de Victoria
Concert in the Maria de Victoria Church
Concert dans l'église Maria de Victoria

51

Ausschnitte aus dem
Deckengemälde
von Cosmas Damian Asam
Sections of the painted
ceiling of
Cosmas Damian Asam
Fragments de la fresque
du plafond
de Cosmas Damian Asam

53

Die malerisch komponierte Eingangsseite mit der Orgelempore
The picturesque composed side of the entrance with the organ gallery
Le côté de l'entrée bien composé et pittoresque avec la tribune d'orgues

◄ Einer der vornehmen Professorenstühle
One of the magnificent chairs of the professors
Un des élégants sièges de professeur

Die Lepantomonstranz
The magnificent Lepanto-Monstrance
Le somptueux ostensoir de Lépante

57

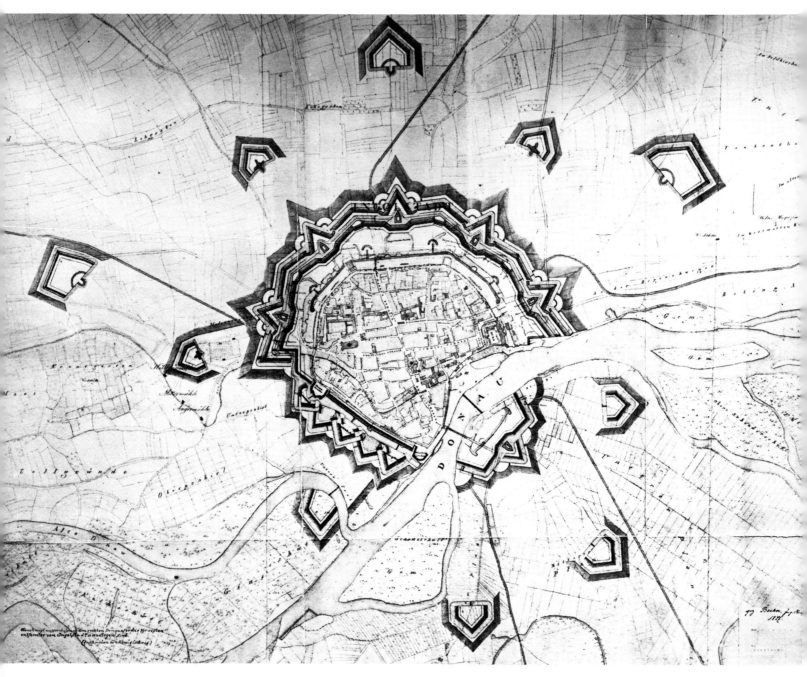

Lageplan der klassizistischen Festung
Ground-plan of the Classical fortress
Le plan des fortifications néo-classiques

58

Detail des Cavalier Hepp ▶
Detail of the Cavalier Hepp
Détail du Cavalier Hepp

60

Das Glacis
The Glacis
Le glacis

61

Seitenansicht des Cavalier Hepp
Side-view of the Cavalier Hepp
Le Cavalier Hepp vu d'un côté

62

Das Tor Hepp
The Hepp Gate
La porte Hepp

63

Die Alte Anatomie
The Old Anatomy
L'ancien institut d'anatomie

64

HORTVS ACADEMICO-MEDICVS
INGOLSTADIENSIS.

1. Ein Saal, worin die Demonstrationes Publice gehalten werden. 2. Das Anatomisch und Chirurgische Zimer. 3. Das Collegium Experimentale Physicum. 4. Altana für die Astronomische Exercitia, mit scherben-gewächs besezet, und mit springenden wasser 11. versehen. 5. das Observatorium oder Specula Astronomica. 6. das Laboratorium Chymicum. 7. das Hybernaculum oder Winter Emsaz. 8. die Garttners Wohnung. 9. 9. Galerie, oben mit scherben-gewächs besezet. 10. Ein Wasser-Piassin. 12. 12. die Stiegen auf die Galerie. Münchner delin. Sim. Thadd. Sondermayr sc. A.V.

Stich des alten Theatrum Anatomicum
Engraving of the old Theatrum Anatomicum
Gravure de l'ancien Theatrum Anatomicum

65

Die Philosophenbüsten des Stadtmuseums
The busts of the philosophers at the Civic Museum
Les bustes de philosophes au musée municipal

68

Innenräume des Cavalier Hepp
View of the interior of the Civic Museum
A l'intérieur du Musée Municipal

70

Ausschnitte aus dem Ingolstädter Privilegienbuch
Parts of the Ingolstadt Book of Privileges
Extraits du Livre des Privilèges

72

Blick in die Innenräume des Stadtmuseums
View of the interior of the Civic Museum
A l'intérieur du musée municipal

Der Barocksaal des Stadtmuseums
The Baroque Hall of the Civic Museum
La salle baroque du musée municipal

Wappenkartousche im Barocksaal des Stadtmuseums
Detail of the Baroque Hall of the Civic Museum
Détail de la salle baroque du Musée Municipal

76

Schulzentrum Süd-West
The south-west school centre
Vue du groupe scolaire sud-ouest

Das Spielmobil
The Play Mobile
Le camion de jeux

78

Der Baggersee · The Baggersee (artifial lake) · Le lac de gravière

Gerolfinger Eichenwald
Oak-forest of Gerolfing
La forêt de chênes de Gerolfing

◄ Landschaft um Ingolstadt
Countryside around Ingolstadt
Paysages autour d'Ingolstadt

81

Brunnen beim Schulzentrum Süd-West
Fountain near the south-west school centre
Fontaine près du groupe scolaire sud-ouest

82

Auwaldsee · Lake Auwald · Auwaldsee

Die Werksanlagen der Audi NSU Auto Union AG
The Audi Plant
L'usine Audi

Roboterisierter Automobil Karosseriebau ▶
Robot Body Welding
Assemblage de la carrosserie par robots

Die ersten Industriebetriebe
The first industrial plants
Les premières entreprises industrielles

Spinnereimaschine der Schubert und Salzer AG
Spinning Machine of the Schubert and Salzer A
Machine à filer de la S. A. Schubert et Salzer

86

Wochenmarkt auf dem Theatervorplatz ▶
The weakly market at the Theatre Place
Le marché aux victuailles sur la place du théâtre

Stadtwerke Ingolstadt, Schaltzentrale
The power station of Ingolstadt,
operation centre
Le service technique municipal,
centrale de commande

Raffinerien bei Ingolstadt
Refineries near Ingolstadt
Des raffineries près d'Ingolstadt

Das moderne Jahrhundertbauwerk Ingolstadts, das neue Klinikum
Ingolstadt's modern "building of the century": the new Hospital Centre
La construction du siècle à Ingolstadt, le nouveau centre hospitalier

90

Das Stadttheater
The Municipal Theatre
Le théâtre municipal

Ingolstädter Biergarten und »Schloßkeller«
Beer-garden and the Castle-Restaurant
Jardin de bière et la cave du château

92

Einkaufsort und Treffpunkt – Fußgängerzone und Wochenmarkt
Shopping Centre and Meeting Point-Pedestrian Zone and Weakly Market
La zone piétonne et le marché aux victuailles – centre commercial et lieu de rendez-vous

St. Moritz und der alte Stadtkern
St. Moritz and the old town centre
St-Moritz et le vieux centre ville

Zu den Abbildungen

Seite 17

Das Neue Schloß

Gleich zwei herzogliche Residenzbauten finden sich in Ingolstadt: der alte Herzogskasten und das Neue Schloß. Als Ingolstadt nach der dritten bayerischen Landesteilung von 1392 Hauptstadt des Teilherzogtums Bayern-Ingolstadt wurde, diente zunächst noch der Herzogskasten dem Landesherrn als Wohnstatt. Dem zweiten Ingolstädter Herzog, Ludwig dem Gebarteten aber, der 20 Jahre am Hof seiner Schwester Isabeau de Bavière, der Königin von Frankreich, gelebt hatte, mochte der Herzogskasten nicht mehr genügen. Die gestiegenen Repräsentationsbedürfnisse zu befriedigen, gab er 1417/18 den Auftrag zum Bau des mächtigen Neuen Schlosses. Es ist anzunehmen, daß es um 1486 vollendet wurde. (Siehe auch: Bilderläuterung zu S. 25, 26 und 32).

Seite 18

Reduit Tilly

Nicht nur beim Neuen Schloß, auch bei den Festungsbauten des 19. Jahrhunderts stand die Absicht im Vordergrund, den Anschein von Wehrhaftigkeit mit baulicher Ästhetik zu verbinden. Nachdem im Jahre 1800 auf Befehl Napoleons die Festungsbauten geschleift worden waren und gleichzeitig die Universität nach Landshut verlegt wurde, bestand für Ingolstadt die Gefahr, zu einer unbedeutenden Pro-

vinzstadt abzusinken. Dieser Gefahr entronnen zu sein, verdankt es König Ludwig I. 1828 legte Ludwig den Grundstein zu der seit 1826 geplanten fünften Ingolstädter Befestigung. Der bedeutendste Architekt des Münchner Hofes, Leo von Klenze, wurde den Festungsbaumeistern zur Seite gestellt. Zu den frühen Bauten der klassizistischen Festung gehören die südlich der Donau gelegenen Anlagen, Reduit Tilly (Bild) und die Türme Triva und Baur. Sie sind noch im Stil der Circularbauweise (siehe auch Bilderläuterung zu S. 58) erstellt. Neben ihrer fortifikatorischen Bedeutung stellen diese Bauten das Beste dar, was je in klassizistischer Festungsbauweise geschaffen wurde. Ihre Fassaden gestaltete Leo von Klenze. Auf dem Bild ist über den Festungsbau und die Donau hinweg die Stadtsilhouette sichtbar mit neuem Herzogsschloß (rechts), Stadttheater und Herzogskasten.

Seite 19

Schleifmühle

Noch mancher intime Altstadtbereich findet sich in Ingolstadt, der seinen Charme nicht durch hervorstechende Bauwerke, sondern seine Kleinteiligkeit, Verwinkelung und Patina erhält. Das schließt nicht aus, daß sich ein solcher Ort, wie hier die Schleifmühle, mit bedeutenden Ereignissen der Stadtgeschichte verbindet. Im Umgriff der Schleifmühle mag anno 1484 eines der letzten großen Ritterturniere

im Heiligen Römischen Reich stattgefunden haben, das die Ritterschaft Bayerns für ihren Landesherren, den Landshuter Herzog Georg, ausrichtete.

Seite 20

Donauufer

Die Donau teilte das alte Ingolstadt nicht. Die Stadt lag zur Gänze nördlich des Flusses, sieht man einmal von den Festungsanlagen des Brückenkopfs ab, die den Übergang sichern sollten. Mit dem Bau des Hauptbahnhofs dann, weit nach Süden von der Stadt abgerückt, wuchsen auch die südlichen Stadtviertel. Hier ein Blick über die Donau auf den Stadtkern mit der ältesten Stadtpfarrkirche St. Moritz, ihrem spitzhäubigen Kirchturm und dem viereckigen städtischen Wachturm, dem sog. Pfeifturm, und dem Münster, dessen mächtiges Dach aus dieser Perspektive deutlich wird. Vor dem Schiff der Moritzkirche ist der moderne Bau des neuen Rathauses zu sehen.

Seite 21

Der feuerspeiende Panther

Im großen Sitzungssaal des Rathauses findet sich diese moderne Darstellung des Ingolstädter Wappentieres, eines feuerspeienden Panthers. Über die Herkunft eines solch ungewöhnlichen Symbols sind unterschiedliche Legenden entstanden. In Wirklichkeit spiegelt das Wappen die einstige Zugehörigkeit der Stadt zum Kloster Niederaltaich wider. Der Panther zierte das Wappenschild, auf das sich der hl. Moritz mit einer Hand stützte – wie es auf früheren Ingolstädter Siegeln dargestellt ist – während er in der anderen Hand eine Lanze hielt. Ab 1347 entfiel dann die Darstellung des Heiligen, und das Symbol der Stadt verkürzte sich auf den Panther allein.

Seite 22

St. Moritz

Als frühe Wittelsbacher Stadtgründung weist Ingolstadt in seiner ursprünglichen Stadtanlage eine rechteckige Form auf. Zwei Hauptachsen querten die Stadt in Nord-Süd- bzw. Ost-West-Richtung. Südlich dieses Achsenkreuzes erhebt sich die älteste Stadtpfarrkirche, St. Moritz. In der heutigen, dreischiffigen Form entstammt die Kirche dem frühen 14. Jahrhundert und schließt im Kern einen älteren, 1234 geweihten romanischen Bau ein.

Auf die Entstehungszeit der frühen Gotik weisen die glatten, nicht sehr hochgezogenen Säulen hin, die das schlichte Mittelschiff säumen. Die Einwölbung des Schiffes erfolgte erst im 15. Jahrhundert. Im Osten öffnet sich der 1359 so polygonal gestaltete Chor. Bei der Wiederinstandsetzung nach den Bombenschäden von 1945 hat man sich erfolgreich bemüht, im Chor die Festlichkeit des 18. Jahrhunderts erneut zur Geltung zu bringen.

Am Hochaltar stehen heute die 1764 von dem Eichstätter Bildhauer Joseph Anton Breitenauer geschnitzten Figuren der hl. Moritz und Georg (früher Gereon). Im Chor links erkennbar sind auch die aufgereihten Zunftstangen.

Seite 23

Die Canzler-Madonna

Eines der bedeutendsten Beispiele des bayerischen Rokoko ist die Silberstatuette einer Immaculata in St. Moritz. Die Marienfigur vor dem Hintergrund eines Strahlenkranzes besticht durch fast tänzerische Beschwingtheit und Grazilität der Haltung. Das Meisterwerk ist offenbar nach einem Entwurf des in der Region Ingolstadt gebürtigen Bildhauers Ignaz Günther 1760 von dem Münchner Goldschmied Josef Friedrich Canzler gegossen und getrieben worden. Es steht heute auf dem Seitenaltar links vom Chor.

Seite 24

Das Sandtnermodell

Dank eines Holzmodells kennt Ingolstadt heute bis ins Detail genau sein früheres Aussehen. Das 37 × 38 cm große Stadtmodell wurde von Jakob Sandtner angefertigt. Langwierige, exakte Vermessungen waren vorausgegangen. Der bayerische Herzog hatte den Straubinger Drechslermeister beauftragt, die bayerischen Haupt- und Residenzstädte abzubilden. Landesherrlicher Stolz zeigte sich in dieser Bestandsaufnahme, in deren Verlauf große Modelle der Städte München, Landshut, Burghausen, Straubing und Ingolstadt entstanden. Ebenso wie mit der vom Ingolstädter Hochschullehrer Philipp Apian gefertigten ersten präzise vermessenen Karte Bayerns oder mit Aventins bayerischer Chronik wurden damit dem werdenden Staatsbewußtsein unschätzbare Dienste erwiesen. Über diese großen Modelle des Landesherren hinaus gaben die nicht minder stolzen Ingolstädter ihr eigenes – das

hier abgebildete – ›kleine‹ Modell in Auftrag.

Es befindet sich heute im Stadtmuseum.

Seiten 25/26

Der Herzogskasten

Vom Neuen Herzogsschloß war schon die Rede (siehe Legende zu Seite 17), auch davon, daß das alte Schloß den Ingolstädter Herzögen nicht mehr repräsentativ genug erschien. Dennoch: den Charakter eines fürstlichen Repräsentationsbaus verleugnet auch der Herzogskasten nicht. Der dreigeschossige Bruch- und Backsteinbau steht auf rechteckigem Grundriß. Dieses älteste Ingolstädter Profangebäude geht auf Herzog Ludwig II., den Strengen (1255/94), zurück. Das wuchtige Gebäude, an dem man die trutzige Stärke der Mauern spürt, wirkt wie eine steinerne Manifestation stolzer, ritterlicher Selbstsicherheit. Es gilt als ein bedeutendes Beispiel des monumentalen gotischen Profanbaus in Bayern. Der später, wohl erst im 14. Jahrhundert angebrachte Schmuck an den Giebelrändern des Steildaches, die ornamental verstärkten Ecken und das schlanke, aus dem sonst unkomplizierten, blockartigen Haus hervortretende Chörlein (Seite 26) erhöhen das Repräsentative dieser sicheren Burg.

Seite 27

Das Alte Rathaus

Repräsentationsbau ist auch das Alte Rathaus, wenn auch nicht fürstlicher Machtdarstellung, so doch Ausdruck gewachsenen, bürgerschaftlichen Selbstbewußtseins. Das Alte Rathaus bestand früher aus vier gotischen Häusern, die nach einem großen Stadtbrand im Jahre 1307 aus Stein neu errichtet wurden. Ein weiterer teilweiser Umbau fand nach dem Brand eines Nachbarhauses 1568 statt. Seine heutige Form verdankt das Rathaus einer Umgestaltung in der Zeit der Neurenaissance durch den Münchner Architekten Gabriel von Seidel in den Jahren 1882/83. Seidel war Schüler von G. Neureuther und ein einflußreicher Architekt zur Zeit des Prinzregenten. Seine Entwürfe für das Ingolstädter Rathaus waren ein Muster der Stilassoziation. Weniger Reichtum als Wohlhabenheit, weniger Macht als Solidität strahlt das wuchtige, asymmetrisch gegliederte und doch in der Gesamtwirkung harmonische Rathaus aus, das 1984/85 saniert und teilweise nach alten Entwürfen neu gestaltet wurde.

Seite 28

Bürgerhäuser

Bürgerschaftliches Selbstwertgefühl zeigen auch viele Häuser im Bereich des alten Stadtkerns, weniger protzige Schaustellung von Reichtum als Ausdruck von solider Wohlhabenheit.

Seite 29

Franziskanerkirche

Diesen Bürgerhäusern unmittelbar gegenüber, auf der anderen Straßenseite, findet sich eine ebensowenig prunkende Kirche. Die Franziskanerkirche entstand in der zweiten Hälfte des 13. Jahrhunderts zur Zeit Herzog Ludwigs des Strengen. Sie wirkt mit ihrem langgezogenen Mittelschiff asketisch schlank und wurde wohl zu Recht als ein typisches Beispiel der Bettelordensarchitektur bezeichnet (Länge 70 m, Breite 26 m). Der Dachreiter wurde im 15. Jahrhundert aufgesetzt. Die Kirche lag am nördlichen Auslaß der ältesten Stadtmauer. Von Interesse ist sie auch deshalb, weil sie später Universitätsprofessoren, Militärs und Stadthonoratioren als Grabstätte diente und im Inneren zahlreiche Epitaphien birgt (vgl. S. 30). Rechts davon wird der Turm der evangelischen Matthäuskirche sichtbar.

Seite 30

Das Peisserepitaph

Von den vielen Epitaphien der Franziskanerkirche wurde hier das sog. Peisserepitaph des 1526 verstorbenen Arztes und Universitätslehrers Wolfgang Peisser ausgewählt. Das scharfgeschnittene Relief zeigt zwischen zwei einander zugewandten Engeln ein idealisiertes Bildnis als Verkörperung der Seele des Verstorbenen. Im Hintergrund eine Bogenhalle mit dem von Putten gehaltenen Wappen. In der unteren Bildhälfte ist eine humanistische Inschrift zu lesen. Am Sockel knien links Peisser und rechts sein Sohn, der wohl der Stifter ist.

Seite 31

Detail der Spitalkirche

1319 hat Kaiser Ludwig der Bayer in Ingolstadt ein Spital gestiftet. Diese Hl.-Geist-Spital-Stiftung besteht bis heute fort. Die Kirche ist wahrscheinlich zwischen 1330 und 1350 errichtet worden. Das Äußere des an den Rathausplatz grenzenden Gotteshauses ist schlicht. Selbst mit dem aufgesetzten Dachreiter könnte man es für ein großes Bürgerhaus halten.
Die Spitalkirche diente dem Gottesdienst der kleinen Gemeinde der Spitalbewohner. Für sie wurde ein Kirchentyp errichtet, der wohl klösterliche Vorbilder hatte. Bemerkenswert ist die bruchlose Einheit aus gotischer Architektur und den hinzugefügten Dekorationen des 16. – 18. Jahrhunderts. Emblemhafte Medaillons schmücken die gotischen Wölbungen, über die sich der Stuck von 1730 breitet. Trotz aller Anfügungen blieb der meditative Grundcharakter der Kirche erhalten.

Seite 32

Das Neue Schloß

Herzog Ludwig der Gebartete ließ dieses Neue Schloß errichten, eine trutzige Festung mit Mauern bis zu vier Metern Stärke, eine Demonstration von Macht und Wehrhaftigkeit, wie sie Bayern bis dahin nicht gekannt hatte. Ein dreigeschossiger Bau auf rechteckigem Grundriß, flankiert von einem quadratischen Turm im Südosten, einem fünfeckigen Turm im Nordosten und zwei kleineren Türmen zur Stadtseite vermitteln den Eindruck von Stolz und Stärke. Dem trutzigen, mittelalterlichen Anblick von außen zum Trotz, stehen im Inneren prachtvolle lichte, schon fast renaissancehafte Räume entgegen, Darstellung und Rahmen verfeinerter Lebensart, die der Herzog von seinem Aufenthalt am französischen Königshof mitgebracht hatte (vgl. Bilderläuterung zu S. 17).

Seite 33

Türkenbeute – Exponate im Bayerischen Armeemuseum

Das Neue Schloß ist heute Sitz des Bayerischen Armeemuseums, das als die bedeutendste militärgeschichtliche Sammlung in der Bundesrepublik Deutschland gilt und

99

das einzige bayerisch-staatliche Museum ist, das sich nicht in der Landeshauptstadt München befindet. Besondere Beachtung verdienen im Bayerischen Armeemuseum die Beutestücke aus den Türkenkriegen (1683 – 1688 und 1716 – 1718), an denen die bayerischen Truppen bedeutenden Anteil hatten. Bei den Exponaten dieser Vitrine handelt es sich um Prunksättel der Art, wie sie verdienten Heerführern geschenkt wurden, um den ziselierten Helm eines Meldeläufers (über dem rechten Sattel), reich verzierte Gewehre; in der Bildmitte eine türkische Handpauke.
(Weitere Exponate siehe S. 36)

Seiten 34/35

Stadttore

Immer dringlicher wurde in der zweiten Hälfte des 14. Jahrhunderts das Bedürfnis, mit einer neuen Stadtmauer einen weiteren Kreis um die Stadt zu schließen. 1358 wurde mit den Arbeiten begonnen. 1430 war die Stadtmauer geschlossen. Vier Stadttore gewährten den Einlaß.
Zu den vier Einlassen gehört das Kreuztor von 1385 (Seite 35). Der quadratische Torturm mit achteckigem Aufbau, vier Ecktürmen, von einem hohen Dachhelm besetzt, der aus einem Zinnenkranz herauswächst, ist heute zu einem Ingolstädter Wahrzeichen geworden. Durch die Wirkung der Ziegel und die sparsame Verwendung von Schmuckelementen in Kalkstein ergab sich ein, bei aller Einfachheit der Struktur, schmuckes Bauwerk, das typisch ist für die Spätzeit des 14. Jahrhunderts.
Als Ausdruck mittelalterlicher Städteromantik hat das Kreuztor auch im Sängersaal des Schlosses

Neuschwanstein seine Darstellung gefunden: Parzivals Kampf mit dem Roten Ritter ereignet sich dort vor dem Hintergrund des Ingolstädter Kreuztores. Wahrscheinlich 1537 erhielt das Tor ein Bollwerk hinzu. Im Jahre 1539 wurde mit dem Bau neuer Festungsanlagen begonnen, der Basteienbefestigung. Die alte Stadtmauer wurde dabei im wesentlichen unverändert gelassen. Bollwerke wurden eingefügt. Der auf Seite 34 abgebildete Münzbergturm entstammt der Bauperiode zwischen 1550 und 1560.

Seite 36

Pappenheimer Rüstungen

An ein weniger romantisches Mittelalter erinnern die Ritterrüstungen – auch sie Exponate des Bayerischen Armeemuseums. In einem der erstaunlich großen Innenräume des Neuen Schlosses, der sog. Dürnitz, sind die Pappenheimer Reiterharnische ausgestellt, wie sie zu Anfang des Dreißigjährigen Krieges auch von der schweren Reiterei noch getragen wurden.

Seite 37

Stadtmauerpartie

Ad centum turres – zu den hundert Türmen, war einer der Beinamen, die Ingolstadt zugelegt wurden. Die Stadtmauer des 14. Jahrhunderts war mit einem Wehrgang versehen. Die Türme sprangen halbrund aus dem Mauerzug hervor und deckten so die Mauer. Der ursprüngliche Wassergraben mußte wegen der Geländehöhenunterschiede mit Schleusen versehen werden. Partien der Stadtmauer sind bis heute erhalten.

Seite 38

Die Gnadenthalapotheke

Zur mittelalterlichen Stadt gehören Klöster. Schon im 13. Jahrhundert entstand das Kloster der Franziskanerinnen im Gnadenthal in Ingolstadt. Im Klausurbereich und damit der Öffentlichkeit nicht zugänglich liegt eine vollständig ausgerüstete, wunderschöne Apotheke aus der Zeit um 1700. Der farbenprächtige Raum weist neben feingeformtem Gerät zahlreiche Miniaturen auf, wie auf den Schubladen (Details).

Seite 39

Die Hohe Schule

Auf eine fromme Stiftung Herzog Ludwigs des Gebarteten geht das ›Pfründnerhaus‹ zurück (im Bild rechts). Seine Bewohner sollten am Grab des Herzogs im Münster für ihn Gebetsdienste verrichten. Ludwig starb aber in Gefangenschaft seines Landshuter Verwandten und wurde in Raitenhasslach begraben. 1465 erwirkte der Landshuter Herzog Ludwig der Reiche vom Papst die Erlaubnis, die Stiftung des Gebarteten zur Gründung der Ersten Bayerischen Landesuniversität zu verwenden; sie erfolgte 1472 im alten Pfründnerhaus, das fortan Hohe Schule hieß.
Unter den Universitätsprofessoren Ingolstadts waren Lehrer, deren Ruf weit über Bayern hinausreichte, darunter Humanisten von europäischem Rang wie Konrad Celtis. Seine berühmte Rede von 1492 wurde zu einem humanistischen Fanal. Einer der Schüler Celtis, Aventin, wurde zum wohl größten bayerischen Geschichtsschreiber. Der Mediziner und Botaniker Leonhard Fuchs, nach dem die Fuchsie benannt wurde, verließ 1553 die Universität und ging nach Tübin-

gen. Der hl. Petrus Canisius stand am Anfang einer Reihe jesuitischer Professoren, die erheblichen Einfluß auf die Universität hatten.

Der Jesuit Christoph Scheiner entdeckte vom Turm der Hl.-Kreuz-Kirche aus die Sonnenflecken und geriet darüber mit Galilei in einen Prioritätenstreit. Als Mathematiker, Astronomen und Geographen machten sich die beiden Apian einen Namen. Der Vater Peter Apian konstruierte astronomische Instrumente und schrieb ein grundlegendes Werk der Himmelskunde. Für seine Schriften hatte er in Ingolstadt einen eigenen Verlag gegründet. Sein Sohn Philipp vermaß im Auftrag Herzog Albrechts V. Bayern und fertigte eine Landtafel, die erste auf exakter trigonometrischer Messung beruhende Landtafel der Welt.

Seite 40

Feldkirchnertor

Das Feldkirchnertor im Bereich des Neuen Schlosses geht ebenfalls auf Herzog Ludwig den Gebarteten zurück und wurde 1434 erbaut.

Seite 41

Sebastiankirche

Wenig beachtet, aber doch alt-ingolstädtisch ist die kleine Sebastiankirche, die mit ihrem massigen Turm kaum über die benachbarte Stadtmauer zu blicken vermag. 1444 wurde sie als Friedhofskapelle angelegt und 1634 erweitert. 1804 wurde sie von der Sebastianbruderschaft, die 1441 gegründet worden war, erworben. Im Zweiten Weltkrieg beschädigt, wurde sie von 1956 bis 1964 instand gesetzt.

Seite 42

Ingolstadt aus der Vogelperspektive

Über den Dachfirst des Münsters hinweg ist die Franziskanerkirche, und am linken Bildrand das langgestreckte Gebäude des ehemaligen Zeughauses zu erkennen. Im Hintergrund zeichnen sich die Raffinerieanlagen ab. Deutlich wird auch die Mächtigkeit des Münsterdaches. Der siebenstöckige Dachstuhl hat eine Firsthöhe von 48,5 Metern und ist eine der höchsten Dachkonstruktionen in Süddeutschland.

Seite 43/44

Das Münster »Zur Schönen Unserer Lieben Frau«

Die wesentlichen städtebaulichen Akzente des alten Ingolstadt setzte Herzog Ludwig der Gebartete. Er war nicht nur Bauherr des Neuen Schlosses, sondern auch des Münsters und des Pfründnerhauses, das später die Erste Bayerische Landesuniversität aufnahm. Ludwig lebte zwanzig Jahre am Hof seiner Schwester Isabeau, Königin von Frankreich, und gehörte zum Kronrat. Von seinem Schwager, dem König, wurde ihm der Thronschatz verpfändet, den er nach Ingolstadt brachte. Eines der Meisterwerke, ein kunstvoll gearbeitetes Gnadenbild, schenkte Ludwig dem Münster, das nach ihm ›Zur Schönen Unserer Lieben Frau‹ benannt wurde.

Mit dem Bau wurde 1425 begonnen. Im wesentlichen vollendet wurde er nach zahlreichen Baustockungen erst um 1500. Markant ragt das Münster mit seinem Steildach über die Giebel der Altstadthäuser hinaus. Unverkennbar ist es durch die mächtigen, über Eck gestellten, an den Kanten mit weißen Hausteinen versehenen Türme.

Der Bau selbst ist eine breitgelagerte, spätgotische Hallenkirche. Das Äußere ist nahezu schmucklos geblieben.

Seite 45

Blick zur Orgel

Die große Orgelempore wurde 1675 bis 1677 als großartiger Abschluß des ehemaligen Westchores eingefügt. Auf Gerüsten war mit Sängern die akustisch beste Höhe ermittelt worden. Der berühmte Ingolstädter Orgelbauer Johann König lieferte damals zwei Orgeln. Die jetzige neue Orgel wurde von der Orgelbaufirma Klais in Bonn erstellt. Die im Bild ebenfalls sichtbare Kreuzigungsgruppe stand bis 1848 als Kreuzaltar an den Stufen zum Chor. Sie dürfte 1675 bis 1677 mit der übrigen Barockeinrichtung entstanden und ein Werk des Ingolstädters Georg Maurer sein.

Seite 46

Münster, Innenraum

18 schlanke, hohe Säulen tragen die Gewölbe der dreischiffigen Kirche. Abgesehen vom Rippen- und Maßwerk ist kein Schmuck vorhanden. Um so deutlicher tritt das Empfinden von Höhe und Weite hervor. Lediglich fünf Meter betragen die Höhenunterschiede zwischen Mittelschiff und Seitenschiffen. Die Ausmaße des Raumes sind beachtlich: 97 m mißt er einschließlich der Türme in der Länge, 34 m einschließlich der Seitenkapellen in der Breite.

Die im Bild sichtbare Kanzel wurde in herzoglichem Auftrag beschafft, allerdings auf Kosten der Pfarrei. Sie wurde vom Ingolstädter Schreinermeister Ulrich Lemp gefertigt.

Der Münsterhochaltar

Der Hochaltar wurde 1560 vom bayerischen Herzog Albrecht V. in Auftrag gegeben und 1572, zum hundertjährigen Bestehen der Universität, vollendet. Der Entwurf stammt von Hans Mielich. Der Altar im Stile der gotischen Flügelaltäre trägt an die 90 Einzelbilder, eine bilderreiche Schauwand, die alte Traditionen wie Apostel- und Prophetenbilder mit zeitgenössischen Bestrebungen verknüpft. In Advents- und Fastenzeit werden die Flügel geschlossen: dann sichtbar sind acht Darstellungen, wie Christus Sündern begegnet. Von Ostern bis Pfingsten werden die äußeren Flügel geöffnet: sichtbar sind dann Leidensgeschichte und Auferstehung. Von Pfingsten an sind auch die zweiten Flügel geöffnet: dann ist das Marienleben zu sehen. Das Stifterbild zeigt Maria, umgeben von Engeln und Heiligen: der hll. Ursula, Katharina (der Jesus einen Ring ansteckt), Barbara mit Kelch und Buch, und Margaretha. Außen knien Andreas (links) und Petrus (rechts). Auf der Erde kniet der Stifter Herzog Albrecht V.; hinter ihm stehen in Rüstungen seine Söhne, Erbprinz Wilhelm und Prinz Ferdinand, während Prinz Ernst (der Bischof von Freising und spätere Kurfürst von Köln) neben ihm kniet. Auf der rechten Seite ist die Herzogin Anna mit den beiden Töchtern abgebildet. Zwischen den beiden Gruppen knien die verstorbenen Kinder Karl und Friedrich. Im Hintergrund wird die Stadt Landshut mit der Burg Trausnitz sichtbar. (Die Landshuter Wittelsbacher Linie war der Ingolstädter nach deren Aussterben gefolgt.)

Eckepitaph

An der Fensterwand der Corporis-Christi-Kapelle im nördlichen Chorumgang hängt das Bronzeepitaph für Dr. Johannes Eck. Professor Eck, der große Gegenspieler Martin Luthers, war Lehrer an der Universität und Pfarrer dieser Kirche. Die Darstellung des Theologen in einer von Pilastern seitlich begrenzten Nische hat Porträtcharakter.
Die Tafel über der Darstellung mahnt: »Wanderer, stehe still, hier liegt Eck, wie Du ein Sterblicher«.

Maria de Victoria

Als eines der großartigsten Werke des bayerischen Rokokos wurde der Bürgersaal Maria de Victoria bezeichnet, der 1732/36 als Betsaal der Marianischen Studentenkongregation errichtet wurde. Die Ausstattung des Inneren hat sich bis 1759 hingezogen. Architekt war Egid Quirin Asam. Die architektonische Grundstruktur ist einfach, ein rechteckiger, keineswegs hoher Raum, der seine ungeheure Wirkung allein der großartigen künstlerischen Ausstattung verdankt.
Das Äußere zeigt eine schlichte Pilastergliederung mit dezentem, leichtem Rokoko-Dekor. Weniger als Kirche, denn als Bet- und Versammlungssaal gedacht, wurde hier bewußt das Äußere zurückhaltend gestaltet.

Vorraum zum Bürgersaal Maria de Victoria

Ebenso bewußt zurückhaltend gestaltet ist die Vorhalle der Maria-de-Victoria-Kirche mit einem Deckengemälde in dezenten Farben und reichen Intarsienarbeiten. Der Besucher gelangt über einige Stufen in den eigentlichen Kirchenraum und ist dann um so mehr geblendet von der prunkvollen, lichten Ausstattung.

Ingolstädter Musikleben

Einen würdigen Rahmen gibt Maria de Victoria für klassische Konzerte ab. Hier eine Veranstaltung des Friedrichshofener Förderkreises.

Das Deckenfresko in der Maria-de-Victoria-Kirche

Ein wahres Wunderwerk ist das kolossale Deckengemälde, das Cosmas Damian Asam in nur sechs Wochen gemalt haben soll. Die Lichtstrahlen der Göttlichkeit gehen von Gott Vater aus, der in einer Gloriole von Licht, umgeben von Engeln, abgebildet ist (Seite 53 links unten). Der Gnadenstrahl fällt auf die Personifikation der göttlichen Liebe, die mit ausgebreiteten Händen in einem Flammenmeer auf der Wolke links über dem Tempel kniet. Die göttliche Liebe gibt die Gnade an Maria weiter, von der der Gnadenstrahl in die vier Kontinente reflektiert wird.
Europa (S. 53 oben) wird verkörpert in der Gestalt Pallas' in goldener Rüstung, die mit ihrem Stab das IHS auf der Weltkugel zum Leuchten bringt. Europa wird als Hort der Wissenschaft und der Künste gefeiert; hier tauchen die vier Fakultäten der Universität auf: der Theologe beim Rektor am Quell des Lebens, am unteren Rand der Astronom für die Philosophie, der Vertreter der Medizin

mit der Blume, der Jurist mit rotem Barett. Der bayerische Kurfürst – Beschützer der Künste in Krieg und Frieden – ist als Apoll verherrlicht, in dessen Nähe die von Pallas gehaltene Krone rückt. Die Darstellung des Mannes mit dem Federbarett hinter dem Rektor gilt als Selbstporträt C. D. Asams. Über der Gruppe thront König David. Von den vielen Abbildungen biblischer Themen ist hier die Errettung des Gottesvolkes aufgenommen (S. 53 unten rechts). Die Befreiung aus der ägyptischen Knechtschaft gilt als Urbild aller Errettungen. Signalisiert wird sie von der links der Pyramide in den Himmel ragenden Wolkensäule, die den Israeliten voranzog. Des Pharaos Herrscherstab deutet auf eine Tafel mit zwei Zahlen: Z00 = 200 000 ist eine Anspielung auf die wiedergewonnene Stärke Israels im heiligen Krieg gegen die Amalekiter, ein Menetekel für den Pharao; 46 galt seit dem Mittelalter als symbolische Zahl für den menschgewordenen Christus. Jesuitischer Anspruch und jesuitisches Denken zeigen sich auch in vielen Details. Die Verbreitung der Heilslehre in alle Kontinente war ein Programm, das die Ingolstädter Jesuiten in die Praxis umsetzten. Das faszinierende Deckengemälde verblüfft den Betrachter auch durch seine zahlreichen Trompel'œil-Effekte.

Seite 54

Professorenstuhl

Die prachtvollen Betstühle an den Längsseiten des Innenraums von Maria de Victoria mit Intarsienarbeiten und Beschlägen stammen aus den Werkstätten der Ingolstädter Meister Michael Vogl und Andreas Hofkofler. Die sog. Professorenstühle sind Musterbeispiele für

das hervorragende kunsthandwerkliche Können der barocken Meister.

Seite 55

Die Orgelempore

Über der reich intarsienverzierten Eingangstür befindet sich der Orgelchor. Seine Brüstung ist mit feinstem Gitterwerk verziert, das auch die beiden Oratorien ziert. Im Bild sichtbar sind die herrlichen Rocaille-Stukkaturen an den Hochwänden. Im Deckengemälde (perspektivisch verzogen) werden die Darstellungen der Kontinente Afrika (rechts) und Amerika (links) und die ihnen zugeordneten Eckkartuschen sichtbar. Jedem Kontinent ist eine solche Kartusche mit Symbolen und Emblemen zugeordnet. In die Schilder sind lobpreisende Beinamen Marias eingefügt. Die unterschiedliche Gestaltung der Engelsfiguren und Tiere zeugt von einer außerordentlichen Liebe des Künstlers zum Detail.

Seiten 56/57

Die Lepanto-Monstranz

In der Sakristei der Maria-de-Victoria-Kirche wird die berühmte, verschiedentlich als wertvollste Monstranz der Welt bezeichnete, Lepanto-Monstranz aufbewahrt. Die silberne und stellenweise vergoldete Prunkmonstranz von 123 cm Höhe und 36 Pfund Gewicht schildert den Sieg der Christen über die Türken in der Seeschlacht von Lepanto (7. Oktober 1571). Sie wurde in dreißigjähriger Arbeit vom Augsburger Goldschmied Johann Zeckl (1678 – 1708) gefertigt. Abgebildet ist das triumphierende Christenschiff in Gold, in Silber das sinkende Türkenschiff. Die Miniaturen von 1,5 bis 2 cm Größe por-

trätieren die direkt oder indirekt beteiligten Staatschefs und Admiräle. Im Mastkorb des mittleren Mastes steht der Kommandant des Christenschiffes Don Juan d'Austria. Im linken Mastkorb (S. 57) sind der Doge von Venedig und Herzog Albrecht V. von Bayern zu sehen. Etwas rechts davon auf einem Segelbalken sieht man den als Matrosen verkleideten, grüßenden Künstler. Im Heck des Türkenschiffes ist Sultan Selim II. dargestellt, und im Rettungsboot der Befehlshaber der türkischen Armada Ali Pacha, während Haremsdamen ertrinken.

Seite 58

Die Klassizistische Festung

Von 1828 an wurde Ingolstadt erneut zur Bayerischen Landesfestung ausgebaut (vgl. Bilderläuterung zu S. 18). Die besten Architekten des Münchner Hofes wirkten daran mit.
Zwei fortifikatorische Systeme lagen damals im Widerstreit: das Circularsystem mit Rundbauten und das Polygonalsystem. Während sich beim sog. Brückenkopf Streiter (der 1827 zum Festungsbaudirektor von Ingolstadt ernannt worden war) mit den Circularbauten Reduit Tilly, Turm Baur und Turm Triva durchgesetzt hatte, kam bei den Festungsbauten nördlich der Donau rings um die Stadt die polygonale Konzeption Beckers (der 1832 die Nachfolge Streiters antrat) zum Tragen.
Abgebildet ist der Festungsbauplan Beckers.

Seite 59

Cavalier Hepp

Der weitläufige Festungsbau aus den Jahren 1836/43 gehört zur zweiten Bauphase der Ingolstädter Befestigungsanlagen, in der die Polygonalität der circularen Festungsbauweise vorgezogen wurde. Der sorgsam restaurierte Cavalier (hier eine Flanke) beeindruckt durch die Strenge und Klarheit seiner aus Funktionalität erwachsenen Architektur. In diesem selbst musealen Bauwerk sind alle stadtgeschichtlichen relevanten Institutionen – Stadtmuseum, Stadtarchiv und wissenschaftliche Bibliothek – zusammengefaßt.

Seiten 60/61

Glacis

Der ursprünglich aus militärischen Gründen freigehaltene Geländestreifen vor und zwischen den Festungsgebäuden zieht sich heute als grüne Lunge um die Altstadt. Das Glacis ist zu einer beliebten Parklandschaft geworden, besonders in der westlichen Partie, wo Festungswälle, hier die sog. Fronte 79, Wassergräben und gärtnerische Gestaltung miteinander harmonieren. Die dunkle Holzbrücke spielt in Marieluise Fleißers Drama ‚Die Pioniere in Ingolstadt' eine wichtige Rolle.

Seite 62

Detail des Cavalier Hepp

Vgl. Bilderläuterung zu S. 59.

Seite 63

Tor Hepp

Vor den Cavalieren Hepp und Heydeck haben sich die früheren Tore noch erhalten. Ihrer ursprünglichen Funktion beraubt, stehen die erhaltenen Tore vor den Cavalierbauten wie Denkmäler. Dennoch wirken sie nicht wie Triumphbögen. Der militärische

Zweckbau ist trotz der dekorativen Beifügungen nicht zu verleugnen. Über dem Eingang ist das von Löwen flankierte Wappen des Königreichs Bayern angebracht. Beim Tor Hepp (Bild), das 1839/40 nach Plänen Leo von Klenzes erbaut wurde, sind die Reiterstandbilder der Erbauer der Renaissancefestung Reinhard Garf Solms zu Münzenberg und Daniel Speckle angebracht.

Seiten 64/65

Alte Anatomie

Als naturwissenschaftlicher Annex wurde im 18. Jahrhundert das Theatrum Anatomicum, die Alte Anatomie, geschaffen. Sie ist ein heiterer, dem Geist des süddeutschen Barocks entsprechender Bau nach Art einer Orangerie, eher wie ein Barockschlößchen oder eine ländliche Residenz, denn als Lehrgebäude anmutend. Der Bau verfügte über Räume für physikalische und chemische Experimente und eine medizinische Bibliothek. Er war nach der Verlegung der Universität als Bauernhof und Wäscherei zweckentfremdet worden. Rechtzeitig zur 500-Jahr-Feier der 1472 gegründeten Universität nahm er das Deutsche Medizinhistorische Museum auf. Das Bild mit der Gartenfront zeigt den botanischen Garten, der auch auf dem Stich sichtbar ist. Er vermittelte im 18. Jahrhundert den Studenten Anschauungsmaterial zur Arznei-Pflanzenkunde. Heute enthält er die wissenschaftlich aufgebauten und etikettierten Heilkräuteranpflanzungen.

Seite 66

Zentralraum der Alten Anatomie

Das im deutschsprachigen Raum einzigartige Museum schildert die

Entwicklung der Medizin von den Anfängen der Wissenschaft bis zur modernen Krankenhaustechnik.

Der mit einem Deckenfresko von Melchior Pucher dekorativ gestaltete Mittelraum des Obergeschosses war einst Stätte der öffentlichen Leichensektionen und anatomischen Demonstrationen.

Die in Vitrinen ausgestellten Totalpräparate dienten damals Medizinstudenten als Anschauungsmaterial.

Seite 67

Philosophenbüsten

Die auch auf den Sockeln (teilweise) als Heiligendarstellungen bezeichneten Büsten von ca. 1750 (heute im Stadtmuseum ausgestellt) waren wohl ursprünglich Darstellungen griechischer Philosophen, die das 19. Jahrhundert zu Heiligen umwidmete. Die Philosophenserie bildet wohl den Rest der Einrichtung der ehemaligen Universitätsbibliothek.

Seiten 68/69

Die Innenräume des Cavalier Hepp

Strenge Festungsarchitektur wurde zu einem Museum mit eigener Note. Die schwierige Aufgabe aus den Kasemattenräumen mit schweren Tonnengewölben lichte, moderne Museumsräume zu machen wurde von den Architekten glänzend gelöst. Im Cavalier Hepp wurde ein hervorragendes stadtgeschichtliches Museum mit einer ur- und frühgeschichtlichen Abteilung eingerichtet, das dank der Rolle des Donauraumes in der Vorgeschichte und der Bedeutung der Herzogs-, Residenz- und Universitätsstadt und bayerischen Landesfestung überregionale Bedeutung besitzt. Das Museum ist streng chronologisch aufgebaut. Dennoch wurde auf durchlaufende Strukturen nicht verzichtet. Dazu gehören die Sachkultur des täglichen Lebens, die kultisch-religiöse Dimension menschlichen Handelns und die Sozialstruktur.

Das Bild auf S. 69 zeigt einen der Hallstattzeit gewidmeten Raum mit Keramikgegenständen aus Hügelgräbern.

Seiten 70/71

Ausschnitte aus dem Ingolstädter Privilegienbuch

Zu den Schätzen des Stadtarchivs gehört das Privilegienbuch, in dem sich Repräsentationsfreude spiegelt neben der praktischen Absicht den Urkundenbestand übersichtlich zu machen. Das bedeutsamste an diesem 1493 von Stadtschreiber Andreas Zainer in einer aufwendigen Prunkschrift angelegten Pergamentband sind die mit dem Jahr 1493 einsetzenden Porträts der Bürgermeister, Räte und Schreiber der Stadt, die sich in Generationssprüngen bis ins 19. Jahrhundert fortsetzen und somit zugleich ein Dokument der sich wandelnden Mode darstellen. Die Bilder zeigen Ausschnitte der Seiten von 1493, 1564, 1578, 1636 (zweimal), 1702, 1720 und 1749. (Von links oben beginnend).

Seiten 72/73

Cavalier Hepp

Bewahrung und Präsentation der eigenen Geschichte sind Zeichen des Stolzes und Ausdruck eigener Identität in der Jetztzeit. Das Bild (S. 72) entstammt dem Bereich ›Bürgerliche Kultur des späten Mittelalters‹. In der Vitrine ausgestellt ist eine Holzskulptur des Johannes Evangelist, die wohl von einer Zunftstange stammt. Das Gemälde

links der Vitrine ist ein Werk Melchior Feselens aus dem Jahr 1524 mit dem Titel ›Geburt Christi‹.

Das Bild S. 73 zeigt die hervorragende Architektenleistung bei der Sanierung des Cavaliers Hepp für die Zwecke des Stadtmuseums, bei der die seitlichen Gänge unangetastet blieben und die sich ergebenden Perspektiven bewußt genutzt wurden. Die hinter den Kanonenkugeln sichtbaren Löwen standen früher vor dem herzoglichen Kastenamt. In der nächsten Wölbung sind astronomische Geräte des 19. Jahrhunderts ausgestellt.

Seiten 74/75

Barocksaal im Stadtmuseum

Zu einem weiteren Kristallisationspunkt des Ingolstädter Kulturlebens wird sich der Barocksaal des Stadtmuseums entwickeln, der für festliche Veranstaltungen einen würdigen Rahmen bietet, gerahmt von großformatigen Objekten städtischer Repräsentation, wie z. B. der Wappenkartusche mit den Wappen bayerischer Städte.

Seiten 76/77

Die Schulstadt

Als Sitz der Ersten Bayerischen Landesuniversität hat Ingolstadt einen Ruf als Schulstadt zu verteidigen. Weit mehr als 100 Millionen DM wurden allein in den vergangenen 12 Jahren in Schulbaumaßnahmen investiert. Kaum eine andere Stadt vergleichbarer Größenordnung dürfte über ein ähnlich breitgefächertes und differenziertes schulisches Angebot verfügen. Hier als Beispiel der moderne Kollegstufenbau des Katharinengymnasiums von den Münstertürmen überragt und vor der Kulisse des mittelalterlichen Kreuztors (S. 76)

und ein Ausschnitt des Schulzentrums Südwest – in dem vier Schulen zusammengefaßt sind – das eingebettet ist in eine Parklandschaft, zu der auch ein origineller Brunnen (s. S. 82) gehört.

Seite 78

Spielmobil

Anderen Städten als nachahmenswertes Beispiel vom Freistaat Bayern empfohlen wurde das Spielmobil der Stadt. Beladen mit Spielsachen fährt es durch das Stadtgebiet und packt an festgelegten Plätzen im Stadtgebiet seine Schätze aus, sehr zur Freude der Ingolstädter Kinder.

Seite 79

Baggersee

Buchten und Badestrände machen den Baggersee, eine rekultivierte Kiesgrube, in den Sommermonaten besonders anziehend. Besucherrekorde bis zu 18 000 Personen sind an heißen Tagen zu verzeichnen. Zusammen mit dem benachbarten, nur durch einen Landstreifen getrennten, kilometerlangen Becken der Donaustaustufe, ist eine Seenplatte entstanden, die ideale Voraussetzungen für alle Arten von Wassersport bietet. Der Baggersee ist ein überregional bekanntgewordenes Beispiel für den Ausbau eines Kiessees zu einem stadtnahen Erholungsgebiet.

Seiten 80/81

Land um Ingolstadt

Zahlreiche Erholungsräume bietet das Umland der Stadt. Als einer der schönsten Ingolstädter Naturräume gilt der Gerolfinger Eichenwald (Bild S. 81) mit wertvollem Waldbestand, der durch den Wechsel von Baum- und Buschgruppen, von Wiesen und Ackerflächen, einen parkartigen Eindruck vermittelt.

Seite 82

Brunnen beim Schulzentrum Südwest

Siehe Legende zu Seiten 76 und 77.

Seite 83

Auwaldsee

Der Auwaldsee entstand 1935 durch die Kiesentnahme für den Autobahnbau. Am rekultivierten See im Auwaldbestand liegt der Zelt- und Wohnwagenplatz.

Seiten 84/85

Das Audi-Werk

Das Ingolstädter Werk der AUDI NSU AUTO UNION AG, ursprünglich in der Ingolstädter »Friedenskaserne« beheimatet, wurde Ende der 50er und Anfang der 60er Jahre an der Ettinger Straße neu errichtet. Das ursprünglich für eine Tagesproduktion von 600 Fahrzeuge konzipierte Werk wurde besonders Anfang der 80er Jahre um bedeutende Werkteile, wie eine neue Montagehalle, einen neuen Lackiererereikomplex, erweitert.

Im Automobilwerk Ingolstadt der AUDI NSU AUTO UNION AG ist man für die Zukunft gerüstet. Mit hohen Investitionsaufwendungen wurden modernste automatisierte Produktionsanlagen installiert, die die Wettbewerbsfähigkeit des Unternehmens auf den Weltmärkten stärken.
Die AUDI NSU AUTO UNION AG ist der größte Arbeitgeber der Region Ingolstadt. Im Werk Ingolstadt sind über 20 000 Mitarbeiter

beschäftigt. Das Unternehmen tauchte in Ingolstadt erstmals im Jahre 1945 auf, als es sich mit einem Zentraldepot für Ersatzteile im Gebäude des ehemaligen Proviantamtes niederließ. Inzwischen ist das Unternehmen längst auf das riesige Gelände an der Ettinger Straße umgesiedelt; mit einem umfassenden Investitionsprogramm wurden die Anlagen erweitert.

Seite 86

Schubert und Salzer

Die militärische Funktion der Stadt war dem Aufbau von Industrie in den Gründerjahren eher hinderlich. Militärische Funktion hatten auch die zwei ersten größeren Betriebe: Die 1881 errichtete Königl. Bayerische Geschützgießerei und das 1887 entstandene Königliche Hauptlaboratorium.
Die Geschützgießerei fertigte vorwiegend Kanonenrohre und Granaten, das Hauptlaboratorium Infanteriemunition und Zünder. Die beiden Rüstungsbetriebe wurden 1920 zusammengelegt und in die ›Deutsche Werke AG Berlin‹ eingegliedert. Sie sind Vorläufer der heutigen Schubert & Salzer-Maschinenfabrik AG, eines der international führenden Unternehmen auf dem Spinnereimaschinensektor.

Seite 87

Markt

Der Wochenmarkt auf dem Theatervorplatz bringt bunte Tupfer ins Stadtbild. Ingolstadt ist Einkaufszentrum einer Region mit mehr als 350 000 Einwohnern.

Seite 88

Stadtwerke

Die Aufgabe, steigenden Energiebedarf und umweltfreundliche Energienutzung zu kombinieren, lösen die Stadtwerke Ingolstadt in vorbildlicher Weise. Seit 1972 sind sie im modernen Verwaltungsgebäude im Nordosten der Stadt untergebracht. Von der Schaltzentrale aus wird die rechnergestützte, zentrale Netzverbundwarte, die 1979 in Betrieb genommen wurde, bedient und kontrolliert.

Seite 89

Raffinerien

Mit Raffinerieanlagen und drei Pipelines, die Ingolstadt mit den Mittelmeerhäfen Marseille, Genua und Triest verbinden, ist es das Energiezentrum Bayerns. Nach einer Planungsphase von 1959 bis 1962 begann die Erstellung von vier Raffinerieanlagen. Kurz nacheinander wurden die Einrichtungen 1963/64 fertiggestellt. Eine weitere Erdölgesellschaft kam zu diesem Zeitpunkt hinzu und errichtete eine weitere Produktionsanlage.
Ingolstadt versorgt Bayerns Wirtschaft mit Energie; die erhofften Nachfolgeindustrien blieben jedoch aus.

Seite 90

Klinikum Ingolstadt

Von einem Jahrhundertbau wird im Zusammenhang mit dem 1982 eingeweihten Ingolstädter Klinikum gesprochen. Das trotz der gewaltigen Baumasse architektonisch hervorragend gegliederte Bauwerk schafft Raum für 1050 Betten. Von den beteiligten Planern und Architekten wurde bei der Gestaltung Wert auf einen ›enthospitalisierten

Charakter‹ gelegt. Zwischen Grundsteinlegung und Inbetriebnahme lagen nur 5 Jahre. Verbaut wurden 200 000 m³ Sand und Kies, 30 000 t Zement, 11 000 t Betonstahl, 30 000 t Stahlbetonfertigteile und eine halbe Million Stück Mauerziegel. Als Modellfall gilt dieses Krankenhaus auch deshalb, weil hier erstmals eine psychiatrische Klinik (250 Betten) voll in ein somatisches Krankenhaus integriert wurde. Mit der Inbetriebnahme wurde ein neues Kapitel in der Krankenversorgung der ganzen Region Ingolstadt aufgeschlagen.

Seite 91

Stadttheater

Zentrum des Kulturlebens in der Stadt ist das neue Stadttheater, das auf dem Gelände des zerstörten früheren Militärbahnhofes errichtet wurde. Der von Architekt Hardt-Waltherr Hämer konzipierte Sichtbetonbau wurde 1966 eingeweiht. Treppen und Terrassen führen zur langen Fensterfront hinauf. Grundthema des Baus ist Polygonalität. Fotos des Bauwerks wurden 1966 bei der Deutschen Architekturausstellung in Moskau, Leningrad und Kiew gezeigt; ein Modell stand 1967 im deutschen Pavillon der Weltausstellung in Montreal und fand dort außerordentliche Beachtung.

Der Theaterbau ermöglicht eine intensive kulturelle Nutzung. Das große Haus und die Werkstattbühne werden vom eigenen Ingolstädter Ensemble bespielt. Unter seinem Intendanten Ernst Seiltgen errang das Theater einen weit über die Landesgrenzen hinausgehenden Ruf.

Der Festsaal steht für Konzerte, festliche Veranstaltungen, aber auch Kongresse und Tagungen zur Verfügung.

Die Ausstellungsräume sind nahezu ständig Schauort von Kunstausstellungen.

Seiten 92/93

Biergarten und Lokale

Ein gemütlicher Biergarten am Stadtrand ist die Antoniusschwaige. Auch sonst bietet die Stadt zahlreiche gemütliche Lokale, wie hier den Weinkeller im Neuen Schloß.

Seiten 94/95

*Die Fußgängerzone,
Einkaufsplatz und Treffpunkt*

Die Ludwigsstraße, ausgebaut zur Fußgängerzone, ist das Einkaufszentrum der Stadt. Hier begegnen sich Ingolstädter und Besucher aus der Region, ebenso wie am Wochenmarkt vor dem Stadttheater.

Seite 96

Alte Stadt

Blick über die Dächer des alten Stadtkerns.